Michael Ende
Die unendliche Geschichte

Bearbeitet von:
Achim Seiffarth

Ernst Klett Sprachen
Stuttgart

Wie ist dieses Buch aufgebaut?
Jeweils am Seitenende werden mit Zahlen markierte Wörter erklärt. Zusätzlich gibt es zu jedem Kapitel Übungen zum Leseverstehen ab Seite 110 und dazu Lösungen ab Seite 126. Die Übungen sind mit diesem Symbol gekennzeichnet: ✎ Übungen

Originalausgabe: © by Thienemann in der Thienemann-Esslinger Verlag GmbH, Stuttgart
Die vollständige Ausgabe von „Die Unendliche Geschichte" von Michael Ende ist in mehreren Ausgaben im Thienemann-Esslinger Verlag erschienen.

1. Auflage   1 ⁷ ⁶ ⁵ ⁴ ³ | 2027 26 25 24 23

Alle Drucke dieser Auflage sind unverändert und können im Unterricht nebeneinander verwendet werden.
Die letzte Zahl bezeichnet das Jahr des Druckes. Das Werk und seine Teile sind urheberrechtlich geschützt. Jede Nutzung in anderen als den gesetzlich zugelassenen Fällen bedarf der vorherigen schriftlichen Einwilligung des Verlages.

© Ernst Klett Sprachen GmbH, Rotebühlstraße 77, 70178 Stuttgart 2021
Alle Rechte vorbehalten.
www.klett-sprachen.de

Textbearbeitung und Didaktisierung: Achim Seiffarth
Redaktion: Carina Janas, Wortwelt wunderbunt
Reihenkonzept: Sebastian Weber
Layoutkonzeption: Sabine Kaufmann
Satz: Satzkasten, Stuttgart
Umschlaggestaltung: Sabine Kaufmann
Titelbild: Eva Schöffmann-Davidov
Druck und Bindung: Plump Druck & Medien GmbH, Rheinbreitbach

Printed in Germany
ISBN 978-3-12-674111-8

Inhalt

	Antiquariat – Inhaber: Karl Konrad Koreander	4
I.	Phantásien in Not	7
II.	Atréjus Berufung	12
III.	Die Uralte Morla	15
IV.	Ygramul, die Viele	19
V.	Die Zweisiedler	23
VI.	Die drei magischen Tore	26
VII.	Die Stimme der Stille	30
VIII.	Im Gelichterland	33
IX.	Spukstadt	37
X.	Der Flug zum Elfenbeinturm	41
XI.	Die Kindliche Kaiserin	45
XII.	Der Alte vom Wandernden Berge	50
XIII.	Perelín, der Nachtwald	54
XIV.	Goab, die Wüste der Farben	58
XV.	Graógramán, der Bunte Tod	61
XVI.	Die Silberstadt Amargánth	65
XVII.	Ein Drache für Held Hynreck	69
XVIII.	Die Acharai	73
XIX.	Die Weggefährten	77
XX.	Die Sehende Hand	80
XXI.	Das Sternenkloster	85
XXII.	Die Schlacht um den Elfenbeinturm	88
XXIII.	Die Alte-Kaiser-Stadt	92
XXIV.	Dame Aiuóla	96
XXV.	Das Bergwerk der Bilder	100
XXVI.	Die Wasser des Lebens	104

Hintergrundinformationen	109
Übungen zum Leseverstehen	110
Lösungen	126

ANTIQUARIAT
Inhaber: Karl Konrad Koreander

Diese Worte stehen auf der Glastür eines kleinen Ladens.
Draußen ist ein grauer, kalter Novembermorgen und es regnet.
Plötzlich geht mit einem Schlag die Tür auf. Ein kleiner, dicker Junge
von vielleicht zehn oder elf Jahren steht da, über der Schulter trägt er
eine Schultasche. Er bleibt in der offenen Tür stehen.
Vor ihm liegt ein langer, schmaler Raum. An den Wänden stehen
Regale bis unter die Decke. Sie sind voll mit Büchern aller Formen
und Größen. Hinter einer hohen Mauer aus Büchern am anderen
Ende des Raumes scheint das Licht einer Lampe. Hinter der Bücher-
wand hört der Junge eine Stimme ziemlich unfreundlich sagen: »Tür
zu! Es zieht.«
Der Junge macht leise die Tür zu. Dann geht er zur Bücherwand.
Dahinter sitzt in einem hohen Sessel ein schwerer, rundlicher Mann.
Er trägt einen schwarzen Anzug voller Staub. Der Mann hat eine
Glatze[1], nur über den Ohren sind ein paar weiße Haare. Das Gesicht
ist rot und ein wenig wie das einer Bulldogge. Auf der Knollennase[2]
sitzt eine kleine goldene Brille. Der Mann raucht aus einer langen
Pfeife, die ihm aus dem Mund hängt. Auf den Knien hält er ein Buch.
Nun nimmt er mit der rechten Hand seine Brille ab, sieht den kleinen,
dicken Jungen an, der da vor ihm steht, und murmelt[3] nur: »Ach du
liebes bisschen[4]!«
Dann schlägt er sein Buch wieder auf und liest weiter.
Der Junge steht da und schaut den Mann mit großen Augen an.
Endlich macht der sein Buch wieder zu und knurrt[5]: »Hör zu mein
Junge, ich mag Kinder nicht. Für mich sind Kinder nichts als blöde
Krachmacher[6], die Bücher mit Marmelade beschmieren[7]. Außerdem

---
1 **die Glatze:** keine Haare auf dem Kopf
2 **die Knolle:** rundlich, wie eine Kartoffel, wächst unter der Erde
3 **murmeln:** leise und nicht sehr klar sprechen
4 **»Ach du liebes bisschen!«:** Ausruf, wenn man etwas Schlimmes sieht / sich erschreckt
5 **knurren:** Geräusch, das ein (böser) Hund macht; mit unfreundlicher Stimme sprechen
6 **der Krach:** der Lärm
7 **beschmieren:** schmutzig machen

gibt es bei mir keine Bücher für Kinder, und andere Bücher verkaufe ich dir nicht. So, ich hoffe, dass wir uns verstanden haben!«
Dann macht er sein Buch wieder auf und liest weiter.
Der Junge nickt[1]. Doch dann sagt er leise: »Alle sind aber nicht so.«
Der Mann sieht langsam auf und nimmt wieder seine Brille ab.
»Ach so! Dann bist du wohl vermutlich selbst die große Ausnahme, wie? Du hast dich nicht mal vorgestellt!«
»Ich heiße Bastian«, sagt der Junge, »Bastian Balthasar Bux.«
»Ziemlich seltsamer Name«, knurrt der Mann, »mit diesen drei Bs. Ich heiße Karl Konrad Koreander.«
»Das sind drei Ks«, sagt der Junge ernst.
»Hm«, brummt der Alte, »jetzt möchte ich nur noch eins wissen, nämlich wieso du vorhin in meinen Laden gelaufen bist. Du warst auf der Flucht, stimmt das?«
Bastian nickt.
»Wahrscheinlich hast du einer alten Frau die Handtasche gestohlen«, vermutet Herr Koreander. »Sucht dich die Polizei, mein Kind? Vor wem bist du weggelaufen?«
»Vor den anderen. Den Kindern aus meiner Klasse.«
»Warum?«
»Sie warten vor der Schule auf mich. Sie schlagen mich, sie lachen über mich!«
»Warum gibst du ihnen nicht einfach eins auf die Nase[2]?«
Bastian schaut ihn groß an. »Nein, das mag ich nicht. Und außerdem – ich kann nicht gut boxen.«
»Wahrscheinlich bist du ein richtiger Streber[3], wie? Der Klassenbeste mit lauter Einsern[4], nicht wahr?«
»Nein«, sagt Bastian, »ich bin letztes Jahr sitzen geblieben[5].«
»Gott im Himmel!«, ruft Herr Koreander. »Aber worüber lachen die denn so, die anderen?«
»Ich rede manchmal mit mir selber.«

---

1 **nicken:** mit dem Kopf »ja« zeigen
2 **jemandem eins auf die Nase geben:** (umgangssprachlich) auf die Nase schlagen
3 **der Streber:** ist sehr fleißig in der Schule, hat die besten Noten
4 **der Einser:** eine »Eins«, die beste Note im deutschen Schulsystem (Sechs = schlechteste)
5 **sitzen bleiben:** in der Schule eine Klasse zweimal machen müssen

»Was erzählst du da zum Beispiel?«
»Geschichten, oder ich sage Wörter, die's noch nicht gibt und so.«
»Was meinen denn deine Eltern dazu?«
»Vater sagt nichts. Er sagt nie was.«
»Und deine Mutter?«
»Die – die ist tot.«
In diesem Augenblick klingelt das Telefon. Herr Koreander geht nach hinten. Bastian hört ihn telefonieren. Er steht da und denkt an die Schule. Auch heute kommt er zu spät. Trotzdem bleibt er stehen. Etwas hält ihn hier.
Vor ihm liegt das Buch, das Herr Koreander vorher in den Händen gehalten hat. Es zieht ihn an wie ein Magnet.
Bastian nimmt das Buch in die Hand und liest den Titel:
DIE UNENDLICHE[1] GESCHICHTE
Jeder Mensch hat seine Leidenschaft[2]. Für Bastian Balthasar Bux sind es die Bücher. Wer niemals ganze Nachmittage lang über einem Buch sitzt und liest und liest und die Welt um sich her vergisst – nun, der versteht sicher nicht, was Bastian jetzt tut.
Er muss dieses Buch haben! Aber wie? Dieser Herr Koreander hat ja gesagt, dass er ihm kein einziges Buch verkaufen will. Und doch weiß Bastian, dass er ohne das Buch nicht weggehen kann.
Plötzlich steckt er es unter seinen Mantel. Dann geht er leise aus dem Laden. Erst auf der Straße beginnt er zu rennen. Der Regen läuft ihm übers Gesicht. Doch Bastian fühlt Nässe und Kälte nicht. Ihm ist heiß, aber nicht nur vom Laufen. Er hat gestohlen. Er ist ein Dieb!
Nach Hause kann er jetzt natürlich nicht. Wenn er jetzt nach Hause kommt, fragt der Vater: »Schon zurück? Keine Schule heute?«
Bastian sieht das stille, traurige Gesicht seines Vaters vor sich und er weiß, dass er ihn nicht anlügen kann. Aber die Wahrheit kann er ihm auch nicht sagen.
Bastian geht langsam und sieht die Schule am Ende der Straße. Er hat Angst. Vor den Lehrern und den anderen Schülern. Warum soll

---

1 **unendlich:** es gibt kein Ende, es geht immer weiter
2 **die Leidenschaft:** Passion, sehr starkes Interesse

er in die Klasse gehen? Er muss ja doch weg. Er hat gestohlen! Dann kann er auch sofort weggehen. Aber wohin? Plötzlich weiß er es.
Bastian geht ganz nach oben, bis unter das Dach der Schule. Die Tür ist offen. Innen hat sie einen Riegel[1]. Er geht hinein und schließt ab. Der Speicher[2] ist groß und dunkel. Bastian hört nur den Regen, der aufs Dach fällt. Er geht ein wenig herum. Es riecht alt und muffig[3]. Allerlei Zeug steht und liegt hier: alte Bücher, Schränke, ein Skelett. Neben ihm ist ein Stapel alter Turnmatten[4].
Bastian setzt sich darauf. Es ist fast wie auf einem Sofa. Einige graue Decken gibt es auch. Er zieht den nassen Mantel aus und legt sich die grauen Decken über die Schultern.
Bastian nimmt das Buch, schlägt die erste Seite auf und beginnt DIE UNENDLICHE GESCHICHTE zu lesen.

 Übungen

I. PHANTÁSIEN IN NOT

Es ist Mitternacht. Alles ist still und dunkel. Plötzlich fliegt ein schwaches Licht zwischen den Bäumen hindurch. Dann setzt es sich auf einen Baum, sitzt eine Zeit da und fliegt wieder weiter.
Es ist ein Irrlicht[5] und hat sich verirrt. Es sieht aus wie ein Spielball. In dem Ball steht ein sehr kleiner Mensch. Der trägt in der rechten Hand eine winzige weiße Fahne[6].
Das Irrlicht fliegt immer weiter, dann bleibt es plötzlich stehen. Vor ihm liegt eine Wiese und dort sitzen drei Männer sehr unterschiedlicher Form und Größe. Ein Riese, der aussieht wie ein Mann aus

---

1 **der Riegel:** damit kann man eine Tür verschließen / blockieren
2 **der Speicher:** der Raum unter dem Dach
3 **muffig:** schlechte Luft; Geruch nach alten Sachen; wenn ein Raum lange verschlossen war
4 **die Turnmatte:** kleine Matratze für Gymnastik; wie ein dicker, weicher Teppich
5 **das Irrlicht:** In der Natur gibt es diese Lichter aus natürlichem Erdgas in Mooren. Man folgt ihnen und findet … nichts; sich verirren = nicht den richtigen Weg finden
6 **die Fahne:** Stück Stoff, z. B. symbolisch für Nationen; weiße Fahne für Frieden

grauem Stein, liegt auf dem Bauch. Ein Felsenbeißer! Diese Leute leben in einem Gebirge – und sie leben auch *von* diesem, denn sie essen es langsam auf. Die Felsenbeißer machen alles, was sie brauchen, aus Stein. Und so hat dieser Felsenbeißer hier etwas wie ein Fahrrad hinter sich stehen, ganz aus Stein.

Die zweite Gestalt[1], die rechts vom Feuer sitzt, ist ein kleiner Nachtalb[2]. Er ist pechschwarz und höchstens doppelt so groß wie das Irrlicht. Beim Sprechen bewegt er zwei kleine, rosa Händchen und hat zwei große, runde Augen wie Monde.

Die dritte Gestalt, auf der linken Seite des Feuers, sieht das Irrlicht erst spät, denn sie ist sehr, sehr klein. Es ist ein Winzling. Er trägt einen bunten Anzug und einen roten Zylinder auf dem Kopf.

Das Irrlicht wundert sich, dass diese drei hier friedlich zusammensitzen, denn das tun sie sonst nicht. Es gibt oft Kämpfe und Kriege in Phantásien.

Erst jetzt sieht das Irrlicht, dass jede der drei Gestalten ebenfalls ein weißes Fähnchen bei sich hat. Also sind auch sie Boten[3] wie er, und darum so friedlich.

Mit dem weißen Fähnchen in der Hand geht das Irrlicht zu den anderen. Der Felsenbeißer sieht es als Erster. »Da kommt noch einer«, brummt er.

»Huhu, ein Irrlicht!«, murmelt der Nachtalb. »Freut mich!«

Der Winzling steht auf und piepst[4]: »Sind auch Sie als Bote hier?«

»Ja«, sagt das Irrlicht. »Darf ich mich vorstellen: Ich heiße Blubb.«

»Sehr erfreut«, antwortet der Winzling. »Ich heiße Úckück.«

»Mein Name ist Wúschwusul«, sagt der Nachtalb.

»Angenehm!«, knarrt[5] der Felsenbeißer. »Ich bin Pjörnrachzarck.«

»Wollen Sie sich nicht setzen, lieber Blubb?«, fragt der Winzling.

---

1 **die Gestalt:** die Figur, (hier) ein Lebewesen
2 **der Nachtalb:** (mythologische Figur) setzt sich nachts auf die Brust von Menschen, die dann schlecht träumen
3 **der Bote:** bringt Informationen, z. B. der Postbote
4 **piepsen:** so macht ein kleiner Vogel; hoher, leiser Ton
5 **knarren:** Geräusch, das eine alte, schwere Tür macht

»Eigentlich«, antwortet das Irrlicht, »will ich Sie nur fragen, in welcher Richtung ich von hier aus zum Elfenbeinturm[1] komme.«
»Huhu!«, macht der Nachtalb, »zur Kindlichen Kaiserin?«
»Ganz recht«, sagt das Irrlicht, »ich habe eine wichtige Botschaft[2] für sie – eine geheime Botschaft.«
»Huhu! Man ist unter Kollegen«, antwortet der Nachtalb.
»Rede!«, sagt der Felsenbeißer.
»Bei uns im Moder-Moor«, beginnt das Irrlicht, »ist etwas geschehen. Das heißt, es geschieht eigentlich immer noch. Also im Osten unseres Landes gab es einen See. Dieser See war eines Tages nicht mehr da, einfach weg. Dort, wo der See war, ist jetzt gar nichts mehr – einfach gar nichts, versteht ihr?«
»Ein Loch?«, knurrt der Felsenbeißer.
»Nein, auch kein Loch – ein Loch ist ja etwas. Aber dort ist nichts.«
»Es ist«, piepst der Winzling, »als ob man blind ist, wenn man auf die Stelle schaut, nicht wahr?«
»Richtig!«, ruft das Irrlicht. »Aber woher ... Kennt ihr das auch?«
»Ja!«, knarrt der Felsenbeißer. »Es ist nicht nur eine Stelle. Nach und nach fängt es auch an anderen Stellen an. Diese Stellen machen sich breit. Und wenn jemand aus Versehen mit dem Fuß auf die Stelle kommt, dann ist auch der Fuß weg. Es ist wie ein Magnet für viele von uns. Manche sind dann ganz weg. Darum sind wir jetzt alle auf dem Weg zur Kindlichen Kaiserin. Wir wollen sie um Rat und Hilfe bitten.«
»Jeder von uns«, piepst der Nachtalb, »kommt aus einem anderen Land Phantásiens. Aber jeder bringt der Kindlichen Kaiserin die gleiche Botschaft.«
»Und das heißt«, knarrt der Felsenbeißer, »ganz Phantásien ist in Gefahr.«
»Wir wollen gleich weiter«, erklärt der Winzling. »Am besten reisen wir zusammen!«

---

1 **das Elfenbein:** teures, sehr elegantes, weißes Material aus den Zähnen von Elefanten
2 **die Botschaft:** (hier) Nachricht, Information, Brief

9

Aber da ist das Irrlicht schon weg. Sie sehen es noch durch den Wald springen. So machen sich alle auf den Weg, aber jeder für sich.

Die Turmuhr in der Nähe schlägt neun. Bastian kehrt[1] nur ungern in die Wirklichkeit zurück. Er ist froh, dass DIE UNENDLICHE GESCHICHTE nichts mit ihr zu tun hat. Er mag keine Bücher, in denen der Alltag ganz normaler Leute erzählt wird. Viel mehr liebt er Bücher, die spannend sind oder lustig oder bei denen man träumen und sich etwas vorstellen kann. Wenn er sich selbst seine Geschichten erzählt, dann vergisst er manchmal alles um sich herum. Und dieses Buch hier ist so wie seine eigenen Geschichten! Es ist genau das richtige Buch für ihn, findet er, ganz genau das richtige.

Eine Woche später kommt Wúschwusul, der kleine Nachtalb, ans Ziel. Er fliegt auf seiner Fledermaus[2] über das Labyrinth, einen riesengroßen Blumengarten. Viele Wege führen zwischen den Blumen hindurch und man kann sich dort leicht verirren.
Natürlich ist dieses Labyrinth nur zum Spiel da, nicht zum Schutz gegen andere, die Böses wollen. Denn die gibt es hier nicht. Und schon kann der Alb in der Mitte des Labyrinths und in reinstem Weiß den Elfenbeinturm sehen, den Wohnort der Kindlichen Kaiserin, das Herz Phantásiens.
Dieser Turm ist groß wie eine ganze Stadt. Von fern sieht er aus wie ein spitzer hoher Berg. Aus der Nähe erkennt man Häuser, Türme, Terrassen und Treppen. Ganz oben wohnt die Kindliche Kaiserin.
Der kleine Nachtalb landet mit seiner Fledermaus auf einer der unteren Terrassen. Er ist sehr müde und ein bisschen traurig.
»Hallo«, hört er plötzlich ein piepsendes Stimmchen, »ist das nicht Freund Wúschwusul? Wie schön, dass Sie auch endlich hier sind.«
Vor ihm steht der Winzling Ückück.
»Huhu!«, macht der Nachtalb. Was soll er sagen?
»Die anderen beiden«, erklärt der Winzling, »sind noch nicht da.«

---
1 **zurückkehren:** zurückkommen
2 **die Fledermaus:** wie eine Maus mit Flügeln, lebt in Höhlen und fliegt nur nachts raus

Der Nachtalb kratzt sich mit seiner kleinen rosa Hand am Kopf.
»Ich muss sofort zur Kindlichen Kaiserin«, sagt er.
»Es sind enorm viele Boten hier«, piepst der Winzling, »man muss lange warten.«
»Huhu«, wimmert[1] der Nachtalb, »wieso?«
»Sehen Sie selbst«, zwitschert[2] der Winzling.
Sie machen sich zu zweit auf den Weg. Die Hauptstraße ist voll von den seltsamsten Gestalten. Riesige Dschinns[3], winzige Kobolde, dreiköpfige Trolle, bärtige Zwerge und zahllose andere Wesen[4] stehen auf der Straße und reden leise.
»Das sind alles Boten«, erklärt Ückück leise. »Und alle haben die gleiche Botschaft wie wir.«
»Und weiß man denn«, fragt der Nachtalb, »was es ist und woher es kommt?«
»Ich fürchte, nein. Niemand kann es erklären.«
»Und die Kindliche Kaiserin selbst?«
»Die Kindliche Kaiserin«, sagt der Winzling leise, »ist krank, sehr, sehr krank. Vielleicht ist das der Grund des Unglücks, das über Phantásien kommt. Aber niemand weiß, woran sie erkrankt ist und was man dagegen tun kann.«
»Das«, sagt der Nachtalb, »huhu – ist eine Katastrophe.«
»Ja«, antwortet der Winzling, »das ist es.«
Zwei Tage später kommt das Irrlicht Blubb an, es hatte sich verirrt. Dann kommt auch der Felsenbeißer Pjörnrachzarck. Er geht zu Fuß, denn er hat auf der Reise Hunger bekommen und sein Fahrrad aus Stein aufgegessen.

 Übungen

---

1 **wimmern:** ängstlich sprechen, leise weinen, vor Angst oder Schmerz
2 **zwitschern:** »tschiep, tschiep«, wie Vögel
3 **der Dschinn:** Geist aus der Flasche, z. B. bei Aladdin
4 **das Wesen:** die Kreatur, das Lebewesen

II. ATRÉJUS BERUFUNG[1]

Im großen Thronsaal[2], nur wenige Stockwerke unter dem Pavillon[3] der Kaiserin, stehen die vierhundertneunundneunzig besten Ärzte des Reiches und warten. Immer noch weiß keiner, wie man die Kindliche Kaiserin heilen[4] kann. Der fünfhundertste, der berühmteste und beste aller Ärzte Phantásiens, ist nun bei ihr.
Manche der Ärzte sehen aus wie Menschen, aber viele wie ganz andere Wesen. Es gibt Feenärztinnen[5] und Wassermänner. Es gibt sogar Vampire. Die sind auch da, denn die Kindliche Kaiserin ist etwas ganz anderes als eine normale Kaiserin. Sie herrscht[6] nicht, denn das muss sie nicht. Niemand sagt etwas gegen sie. Sie ist nur da, auf eine besondere Art. Sie ist der Mittelpunkt allen Lebens in Phantásien. Ohne sie kann hier nichts leben.

Bastian liest nicht weiter. Er sieht sich wieder im langen Korridor der Klinik. Mama wird operiert. Er sitzt mit dem Vater viele Stunden vor dem Operationssaal. Dann kommt ein Mann in Weiß. Er sieht müde und traurig aus. Er sagt, es tut ihm leid.
Nach diesem Tag wird alles anders mit dem Vater.
Früher hat der Vater gern Späße mit ihm gemacht. Jetzt nicht mehr. Bastian versteht, dass der Vater traurig ist. Er selbst ist es ja auch. Aber warum redet er nie wirklich mit ihm?

Plötzlich wird es still im Thronsaal. Caíron kommt, der berühmte Arzt. Er ist ein Zentaur. Sein Oberkörper ist wie der eines Menschen, der Rest der Körper eines Pferdes. Er trägt ein großes, goldenes Amulett[7]. Jeder in ganz Phantásien kennt dieses Amulett. Es ist das Zeichen der Person, die im Auftrag der kindlichen Kaiserin

---
1 **die Berufung:** ein Angebot; man merkt, dass man etwas / eine Sache tun muss
2 **der Thronsaal:** da sitzen König/-in, Kaiser/-in; Thron = Stuhl für König/-in, Kaiser/-in
3 **der Pavillon:** kleines, leichtes Haus; Gartenhaus
4 **heilen:** gesund machen
5 **die Fee:** Frau mit magischen / besonderen Kräften
6 **herrschen:** regieren; einen Staat kontrollieren; (hier) streng / mit Gewalt führen
7 **das Amulett:** hängt an einer Halskette, soll Glück bringen

handelt. Man sagt, dass es dem Träger geheimnisvolle Kräfte gibt. Seinen Namen kennt jeder: AURYN.

»Freunde, niemand weiß, was wir gegen die Krankheit der Kindlichen Kaiserin tun sollen«, erklärt Caíron. »Wir wissen nur, dass die Existenz Phantásiens auf dem Spiel steht. Und wir haben nur eine Hoffnung: Dass es irgendwo ein Wesen gibt, das uns Rat und Hilfe geben kann. Jemand, der neue Wege findet und keine Angst hat. Mit einem Wort: ein Held. Und die Kindliche Kaiserin hat mir den Namen dieses Helden genannt: Atréju. Er wohnt im Gräsernen[1] Meer hinter den Silberbergen. Ihm soll ich AURYN geben und er soll die große Suche beginnen.«

Nach diesen Worten galoppiert[2] der alte Zentaur aus dem Saal.
Wochen später kommt er im Gräsernen Meer an.
Das Volk[3], das hier lebt, heißt »die Grasleute«. Sie haben blauschwarze Haare und ihre Körper sind dunkelgrün. Sie kommen mit wenig aus und arbeiten hart. Ihre Kinder sind streng erzogen und mutig. Sie sind an Hitze, Kälte und Hunger gewöhnt.

»Ich muss mit Atréju sprechen«, erklärt der Zentaur den Grasleuten.

Wenig später steht ein Junge von etwa zehn Jahren vor ihm.
»Was willst du von mir, Fremdling?«, fragt der Junge.
Der alte Zentaur kann es nicht glauben. »Verzeih mir, Atréju«, sagt Caíron, »der Auftrag der Kindlichen Kaiserin ist für einen Mann bestimmt, nicht für ein Kind!«

»Welcher Auftrag?«, fragt Atréju.

»Sie schickt dich auf eine Suche nach etwas, das niemand kennt«, erklärt ihm Caíron. »Niemand kann dir helfen, niemand kann dir raten. Und doch musst du dich sofort entscheiden: Nimmst du den Auftrag an oder nicht?«

Der Zentaur macht eine Pause, dann spricht er ruhig weiter: »Du brauchst es nicht zu tun. Die Kindliche Kaiserin hat sicher nicht gewusst, dass du ein kleiner Junge bist.«

---

[1] **gräsern:** aus Gras; (hier) das Meer ist nicht aus Wasser, sondern aus Gras
[2] **galoppieren:** schnell laufen; Pferde galoppieren
[3] **das Volk:** die Menschengruppe, die Nation

»Was soll ich tun?«, will Atréju wissen.
»Das Heilmittel[1] für die Kindliche Kaiserin finden«, antwortet der alte Zentaur, »und Phantásien retten.«
Caíron erzählt dem Jungen alles, was er weiß. Dann fragt er leise:
»Willst du?«
»Ich will«, sagt Atréju.
Caíron nickt langsam, dann legt er Atréju das Amulett um.
»AURYN gibt dir Kraft, aber du darfst niemals eingreifen[2], was auch immer du siehst. Das Böse und das Gute, das Schöne und das Hässliche müssen dir gleich sein, wie der Kindlichen Kaiserin!«
»AURYN!«, murmelt Atréju ehrfürchtig[3]. »Wann soll ich los?«
»Sofort«, sagt Caíron. »Verabschiede dich von deiner Familie!«
»Ich habe keine«, antwortet Atréju. »Meine Eltern sind schon lange tot. Ich bin Atréju, das heißt: ›Der Sohn aller‹.«

Bastian versteht das sehr gut. Sein Vater ist ja noch am Leben, aber eigentlich hat er niemanden. Atréju ist »der Sohn aller«. Er, Bastian, ist »der Sohn niemands«. Und auch er, Bastian, ist auf einer Großen Suche und weiß nicht, wohin sie ihn führt.

»Leb wohl, Caíron!«
»Leb wohl, Atréju. Und – viel Glück!«
Draußen vor dem Zelt steht Artax, Atréjus Pferd.
»Wir gehen auf eine große Reise«, erklärt Atréju seinem Pferd und springt auf.
»Und wohin?«, fragt das Pferd.
»Wohin du willst, Artax«, antwortet Atréju.
Sie galoppieren in die Nacht hinaus.
Zur gleichen Zeit geschieht an einer anderen Stelle Phantásiens etwas Seltsames. Das Dunkel wird dort immer dunkler. Ein riesiger Körper aus schwarzen Schatten steht da, auf vier Pranken[4].

---

1 **das Heilmittel:** das Medikament, die Medizin
2 **eingreifen:** etwas für oder gegen etwas tun, intervenieren
3 **ehrfürchtig:** mit viel Respekt, erstaunt
4 **die Pranke:** die »Hand« (Pfote) z. B. von Bären oder Löwen

Mit grünem Feuer in den Augen hebt es jetzt den Kopf hoch in die Luft. Es nimmt Witterung[1] auf – und beginnt zu laufen.

 Übungen

III. DIE URALTE MORLA

Atréju reitet noch in derselben Nacht bis zum Fuß der Silberberge. Erst gegen Morgen macht er eine Rast[2].

»Na also!«, sagt Bastian. »Ab und zu muss der Mensch einfach eine Pause machen.« Er holt das Pausenbrot aus der Tasche und isst ein großes Stück. Aber nicht das ganze!

Bei Sonnenaufgang sind Atréju und Artax schon wieder unterwegs. Jetzt reitet Atréju durch die Silberberge.
Nach einer Woche erreicht er um die Mittagszeit einen dichten, dunklen Wald. In dieser Gegend, das weiß Atréju, gibt es Baumtrolle. Das sind Riesen und Riesinnen, die selber wie Bäume aussehen. Atréju hält mit Artax an einem kleinen Fluss. Das Pferd soll trinken. Da hört er plötzlich großen Lärm hinter sich und dreht sich um.
Aus dem Wald kommen drei Baumtrolle. Dem ersten fehlen die Beine. Er geht auf seinen Händen. Der zweite hat ein riesiges Loch in der Brust. Und der dritte steht nur auf einem Bein, denn seine gesamte linke Hälfte fehlt. Sie kommen langsam näher.
»Wir wollen dich nur warnen!«, sagt der auf seinen Händen.
»Du darfst hier nicht weiterreiten, sonst bist du verloren«, ächzt[3] der mit dem Loch in der Brust. »Die Vernichtung[4] kommt! Sie

---
1 **Witterung aufnehmen:** ein Tier kann ein anderes Tier oder einen Menschen von Weitem riechen und ihm dann folgen
2 **die Rast:** Pause auf einer Reise
3 **ächzen:** unter Schmerzen oder Anstrengung sprechen
4 **die Vernichtung:** das »zu nichts Werden«; alles wird zerstört

15

wächst und wächst und wird jeden Tag mehr. Sie hat das aus uns gemacht, was du jetzt vor dir siehst. Erst fehlt einem etwas. Dann fehlt jeden Tag mehr. Bald werden wir gar nicht mehr da sein.«

»Wo hat es denn angefangen?«, will Atréju wissen.

»Willst du es sehen?«, fragt der dritte Troll. »Wir werden dich so weit führen, dass du es sehen kannst.«

Die drei gehen in den Wald. Atréju und Artax folgen ihnen. Sie bleiben vor einem besonders dicken Baum stehen.

»Klettere so hoch du kannst«, sagt der beinlose Troll, »sieh Richtung Sonnenaufgang.«

Atréju klettert den Baum hoch. Er steigt höher und höher. Endlich sitzt er oben auf dem Baum, sieht nach Sonnenaufgang und nun erkennt er es: Die Kronen[1] der anderen Bäume ganz in der Nähe sind grün, doch die Blätter der Bäume dahinter sind wie Nebel. Und dahinter liegt nichts mehr, absolut nichts. Es ist keine Dunkelheit, es ist etwas, was die Augen nicht sehen wollen.

Atréju steigt, so schnell er kann, wieder nach unten.

Die Baumtrolle sind weg. Atréju reitet im Galopp fort von dem immer größeren Nichts. Erst spät in der Nacht macht er Rast.

Und in dieser Nacht wartet das zweite Erlebnis auf ihn. Im Traum hört er eine Stimme. »Weit, weit von hier im Norden liegen die Sümpfe[2] der Traurigkeit. Dort, auf dem Hornberg, wohnt die Uralte[3] Morla. Suche sie!«

Atréju erwacht[4]. Er reitet weiter Richtung Norden. Das Land wird immer dunkler.

Eines Morgens sieht er schließlich die Sümpfe der Traurigkeit. Sehr langsam muss er hier reiten. Immer wieder sinkt das Pferd im weichen Boden ein. Es wird langsam müde. Atréju steigt ab und fragt: »Artax, was ist mit dir?«

»Ich habe keine Hoffnung mehr, Herr«, sagt Artax. »Ich kann nicht mehr weiter.«

---

1 **die Baumkrone:** oben am Baum, wo die Blätter sind
2 **der Sumpf:** halb Wasser, halb Erde; der Boden ist hier sehr weich
3 **uralt:** sehr, sehr alt
4 **erwachen:** aufwachen

»Aber wir müssen weiter!«, ruft Atréju. »Komm, Artax!«
Doch Artax kommt nicht. Er ist schon bis zum Bauch eingesunken.
»Lass mich, Herr!«, antwortet das Pferd. »Ich schaffe es nicht. Ich will sterben.«
»Ich lass dich nicht allein, Artax«, flüstert[1] Atréju.
»Du kannst mir nicht mehr helfen, Herr«, sagt das Pferd leise. »Du trägst das Amulett, Herr, du kannst und musst weiter! Bitte lass mich allein. Das ist meine letzte Bitte.«
Atréju steht langsam auf.
»Leb wohl, Atréju, mein Herr!«, sagt das Pferd. »Und danke!«
Atréju kann nichts mehr sagen. Sein geliebtes Pferd stirbt! Doch er muss weiter. Atréju nickt Artax noch einmal zu und geht sehr langsam fort.

Atréju verliert sein Pferd, seinen Freund. Bastian muss aufhören zu lesen. Er weint. Erst muss er sich die Nase putzen. Dann kann er weiterlesen.

Der Nebel wird immer dichter. Atréju hat das Gefühl, schon seit Stunden im Kreis zu gehen. Dann steht er ganz plötzlich vor einem hohen Berg. Er klettert nach oben. Das muss der Hornberg sein. Plötzlich bewegt sich der Berg und Atréju kann sich nicht halten. Er fällt nach unten. Zum Glück aber landet er weich in einem Baum. Vor sich sieht Atréju eine riesige Höhle[2] im Berg. Etwas kommt langsam heraus. Es ist der Kopf einer Schildkröte. Dieser ganze Hornberg ist eine riesige Schildkröte: die Uralte Morla!
Dann hört er eine Stimme: »Kleiner, was machst du da?«
Atréju nimmt das Amulett in die Hand und zeigt es dem riesigen Auge der Schildkröte. »Kennst du das, Morla?«
»AURYN – wir haben's lang nicht mehr gesehen.«
»Die Kindliche Kaiserin ist krank, vielleicht stirbt sie«, sagt Atréju.
»Ist uns gleich, nicht wahr?«, antwortet die Morla.
»Mit ihr wird Phantásien untergehen!«, ruft Atréju.

---
1 **flüstern:** leise sprechen
2 **die Höhle:** Loch in der Erde oder in einem Berg, dort leben Tiere; früher auch Menschen

Die Morla starrt[1] ihn aus ihrem riesigen, leeren Auge an.
»Ist uns auch gleich!«, antwortet sie. »Ist doch alles gleich.«
»Auch du wirst vernichtet, Morla!«, schreit Atréju.
»Wir sind alt, Kleiner, viel zu alt. Haben lang genug gelebt«, sagt die Morla. »Du bist jung, Kleiner. Wir sind alt. Schau mal. Warum sollen wir nicht sterben, du, ich, die Kindliche Kaiserin, alle, alle? Ist doch alles nur ein Spiel im Nichts. Kleiner, geh fort.«
»Wenn du so klug bist«, antwortet Atréju, »weißt du dann auch, was die Kindliche Kaiserin hat? Wie man sie heilen kann?«
»Wissen wir, ist aber gleich, ob sie gerettet wird oder nicht.«
»Wenn es dir wirklich ganz gleich ist«, fährt Atréju fort[2], »dann kannst du es mir auch sagen.«
»Wir können dir's wirklich sagen. Macht keinen Unterschied«, lacht die Morla. »Die Kindliche Kaiserin ist immer jung. Schau mal. Sie braucht einen neuen Namen, immer wieder einen neuen. Ist aber gleich.«
Sie schließt ihre großen Augen.
»Warte!«, ruft Atréju. »Woher bekommt sie den Namen? Wer kann ihr den Namen geben? Wo finde ich den Namen?«
»Kein Wesen in Phantásien kann ihr einen neuen Namen geben. Vergiss es, Kleiner.«
»Wer denn?«, schreit Atréju. »Wer kann ihr den Namen geben?«
»Vielleicht kann es die Uyulála im Südlichen Orakel[3]. Zu der kannst du aber nicht. Nicht in zehntausend Tagereisen. Ist zu weit. Im Süden. Viel zu weit. Gib es auf, Kleiner!«
Damit schließt sie ihre Augen und zieht ihren Kopf in die Höhle zurück.

---

1 **anstarren:** genau oder lange ansehen; fixieren
2 **fortfahren:** (hier) weitersprechen; auch: mit etwas weitermachen
3 **das Orakel:** jemand / etwas, das die Zukunft kennt; auch: Spruch, der sagt, was in der Zukunft passiert

Bastian denkt nach. »Seltsam«, sagt er laut. Einen neuen Namen braucht sie? Da kann er ihr helfen. Aber leider ist er nicht in Phantásien.

 Übungen

IV. YGRAMUL, DIE VIELE

Seit zwei Tagen irrt Atréju durch eine Felsenwüste[1]. Nichts wächst hier. Er hat Hunger und Durst. Er klettert auf Bergrücken und klettert wieder hinunter, aber er sieht immer nur Gebirge bis an den Horizont. Atréju hat sich verirrt. Nichts lebt hier. Nicht einmal Insekten. Ohne Frage: Das sind die Toten Berge. In Atréjus Volk singt man Lieder von ihnen:
 Im Land der Toten Berge wohnt Ygramul, die Viele,
 der Entsetzlichste[2] der Schrecken …
Doch Atréju ist auf der Großen Suche. Er darf nicht aufgeben. So steigt er immer weiter bergauf und bergab.

Die Turmuhr schlägt eins. Für heute ist der Unterricht zu Ende. Bastian hört das Schreien der Kinder, die unten aus den Klassenzimmern und durch die Korridore laufen. Dann ist es still. Von jetzt an ist er ganz allein in dem großen Schulhaus.
Bastian hat Hunger und er friert. Er will nach Hause gehen. Bis jetzt weiß der Vater noch nichts. Bastian will schon das Buch einpacken. »Nein«, sagt er da plötzlich laut. »Atréju gibt niemals auf.«
Bastian fühlt sich sehr einsam und doch zufrieden. Er ist stark geblieben. Ein klein wenig wie Atréju!

---

1 **die Wüste:** großes Gebiet, in dem es (fast) kein Wasser und (fast) keine Pflanzen gibt; eine Felsenwüste ist ganz aus Steinen (= Felsen)
2 **entsetzlich:** sehr schlimm; etwas macht große Angst

19

Jetzt kann Atréju wirklich nicht mehr weiter. Er sieht in einen Abgrund[1]. Wie tief ist er? Das kann man nicht sehen.

Atréju wandert am Rand des Abgrunds entlang. Er wartet. Wo ist nun der »Entsetzlichste der Schrecken«, von dem das alte Lied erzählt? Er weiß nicht, was für eine Art von Wesen das ist. Er weiß nur, dass es Ygramul heißt.

Eine Schattengestalt ist ganz in der Nähe. Es ist ein Wolf[2], pechschwarz[3] und groß. Die Nase immer am Boden, läuft er hinter Atréju durch die Toten Berge. Und der Abstand[4] wird immer kleiner. Doch Atréju weiß nichts von dem Wolf.

Er steckt gerade in einer engen Höhle. Da hört er plötzlich einen Lärm. Was ist das? Es klingt schrecklich. Langsam geht Atréju weiter, kommt zum Ausgang und sieht vorsichtig hinaus.

Und nun sieht er es: Über dem Abgrund, von einem Rand zum anderen, hängt ein riesiges Spinnennetz[5]. Und in diesem Netz bewegt sich ein großer Glücksdrache[6]. Er ist im Netz gefangen.

Glücksdrachen sind sehr seltene Tiere in Phantásien. Sie leben nicht in tiefen Höhlen, spucken[7] normalerweise kein Feuer und sind auch nicht böse. Glücksdrachen sind Kreaturen der Luft und der Freude, riesig groß und doch leicht wie eine Sommerwolke. Sie schwimmen in den Lüften des Himmels wie Fische im Wasser. Das Wunderbarste an ihnen ist ihr Gesang. Den vergisst man nie wieder.

Aber dieser Glücksdrache hier hängt in dem riesigen Spinnennetz und kann sich kaum noch bewegen. Das herrliche Tier blutet, denn eine Riesenspinne mit langen Beinen und einem dicken Körper beißt den Drachen immer wieder. Der Glücksdrache kämpft noch. Er spuckt blaues Feuer. Rauch steigt auf. Der Drache kann der Spinne ein Bein abbeißen. Doch das fällt nicht in die Tiefe des

---

1 **der Abgrund:** es geht steil runter in ein tiefes Loch; wie ein Canyon
2 **der Wolf:** wie ein Hund, größer und lebt meist wild / frei
3 **pechschwarz:** sehr dunkles schwarz
4 **der Abstand:** die Distanz
5 **die Spinne:** kleines Tier (Insekt) mit acht Beinen, baut Netze
6 **der Drache:** mythologisches Wesen mit Flügeln, oft gefährlich
7 **spucken:** (hier) Feuer kommt mit Druck aus dem Maul

Abgrunds, sondern bewegt sich einen Augenblick lang allein in der Luft und kommt dann an seinen Platz zurück.
Nun erst bemerkt Atréju: Diese Riesenspinne ist gar kein fester Körper! Es sind unendlich viele kleine blaue Insekten. Das ist Ygramul. Darum heißt sie »die Viele«!
Atréju springt auf und schreit, das Amulett in der Hand: »Halt! Im Namen der Kindlichen Kaiserin! Halt!«
Doch die beiden hören ihn nicht. Atréju läuft auf das Netz. Ygramul dreht sich blitzschnell um und sieht ihn an. Sie ist jetzt nur noch ein riesenhaftes blaues Gesicht mit einem einzigen Auge über der Nase und starrt Atréju an.

Bastian schreit vor Schreck auf.

Das Echo[1] eines Schreis kommt aus dem Abgrund. Ygramul dreht ihr Auge nach links und rechts. Aber da ist niemand.

»Kann sie meinen Schrei gehört haben?«, fragt sich Bastian. Aber das ist doch überhaupt nicht möglich.

Und nun hört Atréju Ygramuls Stimme: »Ein Zweibein! Nach so langer, langer Zeit des Hungers gleich zwei leckere Mahlzeiten! Was für ein Glückstag für Ygramul!«
Atréju hält das Amulett vor das einzige Auge des Ungeheuers[2] und fragt: »Kennt ihr dieses Zeichen? Ich bin Atréju und stehe im Auftrag der Kindlichen Kaiserin.«
»Was willst du von Ygramul? Sie hat zu tun, wie du siehst!«
»Ich will diesen Glücksdrachen«, antwortet Atréju. »Ich muss zum Südlichen Orakel, denn nur die Uyulála kann mir sagen, wer der Kindlichen Kaiserin einen neuen Namen geben kann. Wenn sie den nicht bekommt, muss sie sterben und ganz Phantásien mit ihr – auch ihr, Ygramul, die man die Viele nennt.«

---

1 **das Echo:** ein Geräusch kommt zurück, wird durch Schall von einer Wand reflektiert
2 **das Ungeheuer:** Monster; großes, böses Wesen

»Du irrst dich, Atréju Zweibein. Der Drache kann dich nicht mehr tragen, er ist fast tot. Und die Reise ist zu lang für dich. Aber Ygramul weiß, wie du zum Südlichen Orakel kommen kannst.«
»Wovon sprecht ihr?«
»Es ist Ygramuls Geheimnis. Du musst dich von Ygramul beißen lassen. Wer mein Gift in sich trägt, kann an jeden Ort Phantásiens kommen. Allerdings ist er nach einer Stunde tot.«
»Eine Stunde?«, ruft Atréju. »Was kann ich denn in einer einzigen Stunde ausrichten[1]?«
»Nun«, summt[2] Ygramul, »das musst du selbst wissen!«
»Lasst ihr den Glücksdrachen frei, wenn ich euch im Namen der Kindlichen Kaiserin darum bitte?«, fragt Atréju schließlich.
»Nein«, antwortet das Gesicht, »du hast kein Recht, Ygramul darum zu bitten, auch wenn du AURYN trägst. Die Kindliche Kaiserin lässt uns alle sein, wie wir sind. Das weißt du.«
Das ist wahr. Atréju kann den Glücksdrachen nicht retten. Also steht er auf und sagt: »Tu, was du vorgeschlagen hast!«
Blitzschnell ist die blaue Wolke um ihn herum. Er fühlt einen Schmerz in der linken Schulter und denkt nur noch: zum Südlichen Orakel! Dann wird ihm schwarz vor den Augen.
Kurze Zeit später kommt der Wolf an den Abgrund. Er sieht das riesige Spinnennetz – aber sonst niemanden mehr.

»Gott sei Dank«, sagt Bastian leise vor sich hin, »dass ich nicht in Phantásien bin. Solche Monster gibt es zum Glück in Wirklichkeit nicht. Das alles ist eben nur eine Geschichte.«
Aber ist es wirklich nur eine Geschichte? Wie konnte dann Ygramul Bastians Schreckensschrei[3] hören?

 Übungen

---

1 **etwas ausrichten:** (hier) etwas erfolgreich tun
2 **summen:** dieses Geräusch machen Bienen
3 **der Schreckensschrei:** vor Schreck / Angst laut schreien

V. DIE ZWEISIEDLER

Atréju erwacht. Er ist wieder in einer Bergwildnis[1], aber das Land ist rot und die Felsen bilden[2] Türme und Pyramiden. Es ist extrem heiß und die Sonne scheint so hell, dass Atréjus Augen weh tun. Eine Meile entfernt sieht er ein Felsentor aus schweren Steinen, das vielleicht hundert Fuß hoch ist. Ist das der Eingang zum Südlichen Orakel? Hinter dem Tor sieht er nichts, kein Gebäude, keinen Tempel[3], kein Wäldchen.
Plötzlich hört er eine tiefe Stimme: »Atréju!«
Er dreht sich um und sieht den weißen Glücksdrachen hinter sich. Er blutet und ist sehr schwach. Aber er lacht. »Wundere dich nicht zu sehr, dass ich auch hier bin, Atréju. Ich habe doch alles mitgehört, was Ygramul dir sagte. Gebissen bin ich auch von ihr, warum soll ich nicht mitkommen? Du hast mir das Leben gerettet!«
»Das Leben gerettet?«, wiederholt Atréju. »Für eine Stunde, denn mehr bleibt uns beiden nicht. Ich fühle das Gift Ygramuls immer stärker.«
»Für jedes Gift gibt es ein Gegengift«, antwortet der weiße Drache.
»Woher nehmen wir das?«, fragt Atréju.
»Weiß ich auch nicht«, erwidert[4] der Drache. »Von jetzt an wird alles gut. Schließlich bin ich ein Glücksdrache. Du wirst ein Reittier brauchen. Und du wirst sehen, es ist ein ganz anderes Ding auf dem Rücken eines Glücksdrachen durch die Himmelslüfte zu fliegen. Abgemacht[5]?«
»Abgemacht!«, antwortet Atréju.
»Übrigens«, fügt der Drache hinzu[6], »mein Name ist Fuchur.«
»Wir haben wenig Zeit«, sagt Atréju, »Ich muss etwas tun. Aber was?«
»Glück haben«, antwortet Fuchur, »was sonst?«

---

1 **die Wildnis:** wo das Land noch ganz natürlich / wild ist
2 **bilden:** herstellen, formen
3 **der Tempel:** religiöses Gebäude, z. B. in der Antike
4 **erwidern:** antworten
5 **abgemacht:** in Ordnung? O.K.?
6 **hinzufügen:** noch sagen, extra sagen

Doch Atréju hört ihn nicht mehr. Er liegt leblos auf dem Boden. Ygramuls Gift wirkt.
Einige Zeit später schlägt er seine Augen wieder auf. Er sieht ein seltsames Gesicht über sich. Es ist ein faltiges[1], kleines Gesicht. Dann fühlt Atréju ein kleines Glas an den Lippen.
»Schöne Medizin, gute Medizin!«, murmelt das faltige Gesichtchen. »Trink nur, mein Kind, trink. Tut gut!«
Atréju trinkt. Es schmeckt seltsam, süß und doch bitter.
»Was ist mit dem weißen Drachen?«, fragt er.
»Mach dir keine Sorgen, mein Jungchen. Werdet beide wieder gesund. Trink nur, trink!«, antwortet das Stimmchen.
Atréju trinkt noch etwas und fällt sofort wieder in den Schlaf.

Die Turmuhr schlägt zwei. Bastian muss dringend aufs Klo[2]. Er muss schon seit einer ganzen Weile, aber er hat ein bisschen Angst nach unten ins Schulhaus zu gehen. Doch es hilft nichts, er muss einfach! Bastian legt das Buch mit den offenen Seiten auf die Turnmatte und geht zur Speichertür. Alles ist still. Langsam öffnet er den Riegel. Auf Strümpfen schleicht[3] er hinaus und lässt die Tür hinter sich offen. Dann geht er die Treppe hinunter. Vor ihm liegt der lange Gang mit den grünen Türen. Die Schülertoilette ist am anderen Ende. Bastian läuft so schnell er kann. Höchste Zeit! Er sitzt auf dem Klo und fragt sich, warum in solchen Geschichten eigentlich nie einer dieses Problem hat.

Atréju erwacht. Es ist mitten in der Nacht, aber er fühlt sich frisch. Auch Fuchur liegt noch immer da, er schläft fest. Nur wenige Schritte entfernt sieht Atréju im Felsen eine kleine Höhle. Er geht zum Höhleneingang. Im Inneren ist eine kleine Küche. Im Ganzen sieht es sehr gemütlich aus. In einem Sessel vor dem Kamin[4] sitzt ein kleines Kerlchen[5] und liest in einem großen Buch. Dann

---
1 **faltig:** im Alter wird ein Gesicht faltig
2 **das Klo:** (umgangssprachlich) Toilette, WC, Klosett
3 **schleichen:** langsam gehen
4 **der Kamin:** Stelle für offenes Feuer im Haus
5 **das Kerlchen:** kleiner Kerl, kleiner Mann

kommt eine zweite kleine Gestalt herein. Die hat Atréju schon gesehen. Es ist ein Weiblein[1]. Es murmelt leise und steht am Feuer. Beide Gestalten sind klein. Es müssen Gnome sein.
»Du mit deinem Studium!«, sagt das Weiblein. »Wichtig ist jetzt nur mein Heil-Elixier. Die beiden brauchen es.«
»Die beiden«, antwortet das Männchen böse, »brauchen meinen Rat und meine Hilfe noch viel mehr.«
Atréju hustet. Das Gnomenpaar dreht sich nach ihm um.
»Er ist schon gesund«, sagt das Männchen.
»Das wollen wir erst sehen!«, erwidert die Gnomin und kommt ins Freie. »Na? Scheint uns ja schon ganz gut zu gehen, was?«
Atréju nickt.
»Keine Schmerzen mehr?«
»Nicht der Rede wert[2]«, antwortet Atréju.
»Tut's weh oder nicht?«, fragt sie ihn.
»Es tut noch weh«, erklärt Atréju, »aber es ist mir egal …«
»Aber mir nicht!«, meint die Gnomin.
»Und Fuchur?«, fragt Atréju. »Wie geht es ihm?«
»Wer ist das?«
»Der weiße Glücksdrache.«
»Ach so. Weiß noch nicht. Denke, er schafft es.«
Da kommt der Gnom aus dem Höhleneingang und sagt zu Atréju: »Es gibt keinen besseren Ratgeber als mich, wenn du zur Uyulála ins Südliche Orakel willst. Kann dir alles erklären, habe dafür extra ein Observatorium[3]. Bald gibt es ein großes Buch von mir: »Das Uyulála-Rätsel«. Leider fehlen mir aber noch ein paar Informationen. Kannst mir helfen, mein Junge.«
»Ein Observatorium?«, fragt Atréju.
Der Gnom nickt. Mit Atréju geht er einen schmalen Weg nach oben. Dort angekommen sieht Atréju eine Wand und ein Loch

---

1 **das Weiblein:** kleine Frau
2 **etwas ist nicht der Rede wert:** etwas ist nicht wichtig
3 **das Observatorium:** Ort, von dem aus man z. B. Sterne / das Wetter beobachtet

in dieser Wand. Vor dem Loch steht ein kleines Fernrohr[1]. Atréju setzt sich und sieht in das Rohr.

Neben dem Felsentor sieht er im Mondlicht eine große Sphinx. Sie sieht traurig aus, nicht böse. Oder lacht sie?

»Die versteht niemand!«, hört Atréju die Stimme des Gnomen. »Ich auch nicht. Jetzt die andere!«

Er dreht das Rohr ein Stück. Links neben dem Tor sitzt eine zweite Sphinx. Sie scheint die erste Sphinx anzustarren.

»Sind es Statuen?«, fragt Atréju.

»O nein«, antwortet der Gnom und lacht leise. »Es sind wirkliche, lebende Sphinxen! Für den Anfang hast du genug gesehen. Komm, gehen wir wieder. Unten erkläre ich dir alles.«

 Übungen

VI. DIE DREI MAGISCHEN[2] TORE

Der Gnom geht mit Atréju zur Höhle zurück.

»Werde dir jetzt einiges über das Südliche Orakel erklären«, flüstert er. »Ist nicht ganz einfach, bis zur Uyulála zu kommen. Ist vielleicht besser, wenn du Fragen stellst.«

Atréju überlegt und fragt dann: »Dieses große Felsentor mit den Sphinxen, das du mir gezeigt hast, ist das der Eingang?«

»Ja, aber dann kommen noch zwei andere Tore und erst hinter dem dritten wohnt die Uyulála – wenn man das so sagen kann.«

»Bist du selbst schon einmal bei ihr gewesen?«

»Habe alles gelesen von Leuten, die bei ihr waren!«, erwidert der Gnom.

»Und was«, fragt Atréju, »ist nun mit diesen drei Toren? Hinter dem Felsentor habe ich nichts gesehen. Wo sind denn diese anderen Tore?«

---
1 **das Fernrohr:** Teleskop; damit kann man sehen, was weit weg passiert
2 **magisch:** wie durch Magie / Zauber; ganz besonders, nicht mit Worten zu erklären

»Alles sehr schwierig!«, erklärt ihm der Gnom. »Das zweite Tor ist erst da, wenn man durch das erste durch ist. Und das dritte erst, wenn man das zweite hinter sich hat. Und die Uyulála erst, wenn man durch das dritte gekommen ist. Verstehst du?«
Atréju nickt.
»Das erste, das Große-Rätsel-Tor, hast du durch mein Fernrohr gesehen. Auch die zwei Sphinxen. Kann niemand durch, wenn nicht die Sphinxen die Augen schließen. Alle Rätsel[1] der Welt liegen in diesen Augen. Wenn die einen ansehen, kann man sich nicht mehr bewegen. Denn man will alle Rätsel der Welt verstehen. Na, du wirst die Reste dieser armen Teufel[2] finden. Aber bei manchen Besuchern schließen die Sphinxen ihre Augen und lassen sie durch. Warum gerade den einen und warum nicht den anderen? Bis heute hat niemand diese Frage geklärt.«
»Und das Amulett der Kindlichen Kaiserin?«, fragt Atréju. »Glaubst du nicht, sie werden es respektieren?«
»Dazu müssen sie es *sehen,* und wenn sie dich ansehen ...«
»Was rätst du mir also?«, will Atréju wissen.
»Du wirst tun müssen, was alle tun müssen«, antwortet der Gnom. »Durch das Tor gehen und sehen, was passiert.«

Die Turmuhr schlägt drei. Vielleicht hat der Vater jetzt gemerkt, dass Bastian nicht nach Hause gekommen ist. Vielleicht hat er schon die Polizei angerufen. Wo werden sie ihn suchen? In der Schule? Aber sicher nicht hier oben. Bastian will nicht mehr daran denken und liest weiter.

»Also vielleicht kommst du durch«, sagt der Gnom. »Dann wird für dich das Zauber[3]-Spiegel-Tor da sein. Dieses zweite Tor ist offen, aber auch geschlossen. Verrückt, wie? Kurz: Es ist ein großer Spiegel oder so was. Also, wenn man davor steht, dann sieht man sich selbst – aber nicht wie in einem gewöhnlichen Spiegel, verstehst

---
1 **das Rätsel:** etwas Geheimnisvolles; etwas, was man nicht weiß
2 **armer Teufel:** (umgangssprachlich) Mensch, der kein Glück im Leben hat
3 **der Zauber:** Magie; man denkt, jemand tut etwas mit Hilfe magischer / besonderer Kräfte

sich. Man sieht nicht sein Äußeres[1], sondern man sieht, wie man von Innen ist. Du musst, wie soll ich sagen, in dich selbst hineingehen. Habe gesehen, wie Besucher vor dem Ungeheuer weggelaufen sind, das sie im Spiegel gesehen haben. Für manche war es auch weniger schrecklich. Ist für jeden anders.«

»Gut«, sagt Atréju, »aber man *kann* also hindurchgehen, durch diesen Zauberspiegel?«

»Kann man«, bestätigt der Gnom, »natürlich kann man. Denn das dritte Tor ist erst da, wenn man durch das zweite gegangen ist.«

»Und was ist mit diesem dritten Tor?«

»Hier wird es richtig schwierig! Das Ohne-Schlüssel-Tor ist nämlich zu. Einfach zu. Da gibt's kein Schlüsselloch, nichts! Nach meiner Theorie ist die Tür aus phantásischem Selen[2]. Das kannst du nicht zerstören.«

»Also kann man überhaupt nicht durch dieses Tor?«

»Langsam, langsam, mein Junge! Hör zu: Phantásisches Selen reagiert nämlich auf unseren Willen[3]. Wenn du fest hineinwillst, geht es nicht. Aber wenn du deine Absicht vergisst und gar nichts willst, dann öffnet sich die Tür ganz von selbst.«

Atréju sagt leise: »Wenn das wahr ist, wie soll es mir dann möglich sein durch die Tür zu kommen? Natürlich will ich!«

Der Gnom nickt traurig.

»Aber nach der dritten Tür«, fragt Atréju jetzt, »bin ich dann im Südlichen Orakel?«

»Ja«, antwortet der Gnom.

»Und wer oder was ist diese Uyulála?«

»Keine Ahnung«, sagt der Gnom. »Niemand von allen, die bei ihr waren, wollte es mir verraten. Aber du, Atréju, sagst es mir doch, wenn du bei ihr warst?«

»Ich kann es dir nicht versprechen. Aber falls ich zurückkomme und es mir erlaubt ist, will ich es verraten«, sagt Atréju.

Dann steht er auf und geht auf das Große-Rätsel-Tor zu.

---

[1] **das Äußere:** wie man aussieht, »von außen«; Gesicht, Haare, Körper, Kleidung
[2] **das Selen:** chemisches Element (Se), wie Metall
[3] **der Wille:** was jemand will; eine Entscheidung

Es ist viel riesenhafter, als er gedacht hatte. Vor dem Tor sieht Atréju nun unzählige Knochen liegen. Aber nicht deshalb bleibt er stehen. Er schaut die Sphinxen an. Ihre Schönheit ist schrecklich. Sie stehen da im Mondlicht und werden immer größer. Bei jedem Schritt sehen ihre Gesichter anders aus. Atréju fühlt eine furchtbare, unbekannte Kraft. Er hat Angst. Hier ist etwas, was er nicht begreifen[1] kann.

Seine Schritte werden immer schwerer. Aber er geht weiter und schaut nicht mehr nach oben. Atréju geht sehr langsam, Fuß vor Fuß, auf das Felsentor zu. Er muss weiter, egal wie groß die Gefahr ist.

Und da hört er plötzlich das Echo seiner Schritte im Inneren des Felsentors. Und er hat keine Angst mehr. Die Sphinxen haben ihn durchgelassen.

Vor ihm steht nun das Zauber-Spiegel-Tor. Es ist groß und rund wie der Mond am Himmel. Was wird Atréju sehen, wenn er hineinschaut? Etwas Schreckliches? Davor hat er keine Angst. Doch was er dann tatsächlich sieht, kann er nicht verstehen.

Atréju sieht einen dicken Jungen mit blassem Gesicht, der auf Turnmatten sitzt und in einem Buch liest. Der Junge hat große, traurige Augen.

Bastian bekommt einen Schreck. Das ist ja er! Das ist zu viel! Da steht in einem Buch etwas, was es nur in diesem Augenblick gibt. »Bastian«, sagt er laut zu sich selbst, »du bist wirklich ein Spinner[2]. Aber was, wenn sie in Phantásien doch von dir wissen?«

Atréju geht in das Spiegelbild und wundert sich. So einfach ist das? Er weiß nicht, was mit ihm geschieht. Er vergisst alles. Jede Erinnerung an sich selbst, an sein Leben, an seine Ziele und Absichten ist vergessen. Er ist wie ein neugeborenes Kind.

Vor sich sieht er das Ohne-Schlüssel-Tor. Aber er weiß überhaupt nicht, was er da will oder soll. Das Tor ist klein und steht ganz für

---
1 **etwas begreifen:** etwas rational verstehen
2 **der Spinner:** (umgangssprachlich) Verrückter, jemand mit komischen Ideen

sich da. Atréju legt die Hand auf die Tür. Sie öffnet sich und er sieht einen langen Gang. Atréju geht hindurch, die Tür fällt hinter ihm zu.

Die Turmuhr schlägt vier. Es wird langsam dunkel. Gibt es hier kein elektrisches Licht? Bastian steht auf, aber er kann keinen Schalter finden. Dann fällt ihm der Leuchter[1] ein, den er hier oben gesehen hat. Da hinten bei der Tür! Er trägt ihn zu seinen Turnmatten hinüber. Streichhölzer hat er bei sich. Bastian zündet[2] alle Kerzen an und goldenes Licht fällt auf die Turnmatten. Dann greift er wieder nach dem Buch.

 Übungen

VII. DIE STIMME DER STILLE

Glücklich wandert Atréju in den Gang hinein. Er weiß nicht mehr, wer er ist und wie er heißt, nicht, wie er hierher gekommen ist und was er hier sucht. Er wundert sich über alles, aber ist ganz sorglos. Atréju geht weiter, steigt breite Treppen hinauf, kommt auf weite Terrassen, steigt wieder Treppen hinunter. So bewegt er sich immer weiter fort vom Ohne-Schlüssel-Tor. Er weiß nicht mehr, dass er dorthin wollte und auf der Suche nach dem Südlichen Orakel war. Nach langer Zeit hört er schließlich aus der Ferne[3] einen seltsamen Klang[4]. Es ist eine singende Stimme, sehr schön und hoch wie die eines Kindes, aber auch unendlich traurig. Atréju sieht sich um, aber er kann niemanden sehen. »Wer bist du?«, ruft er.
Die singende Stimme antwortet:
    »Was man nicht in Versen[5] spricht,

---
1 **der Leuchter:** (hier) Kerzenhalter; darauf macht man Kerzen fest
2 **anzünden:** Feuer machen; (hier) Kerzen anmachen
3 **die Ferne:** weit weg, großer Abstand in Raum und / oder Zeit
4 **der Klang:** ein (musikalischer) Ton
5 **der Vers:** Element eines Gedichts, einer Poesie

versteh ich nicht – versteh ich nicht …«
Atréju ist nicht sehr gut im Versemachen. Er muss erst nachdenken.
Dann singt er:
>»Wenn mir die Frage erlaubt ist,
>dann möcht ich wissen, wer du bist.«

Und sofort antwortet die Stimme:
>»Nun nehm ich dich wahr[1]! So versteh ich dich klar!
>Ich danke dir, Freund, denn gut ist dein Wille.
>Du bist mir willkommen als Gast. Ich bin Uyulála, die
>Stimme der Stille, im Tiefen-Geheimnis-Palast.«

Manchmal ist die Stimme lauter und manchmal leiser. Atréju fragt:
>»Sag, Uyulála, hörst du mich noch?
>Ich kann dich nicht sehen und möchte es doch.«

Die Stimme kommt leise an sein Ohr:
>»Das ist nie geschehen, dass jemand mich sah.
>Du kannst mich nur hören und doch bin ich da.«

Atréju staunt[2] und geht weiter. Dann hat er eine neue Frage fertig:
>»So bist du nur dieses Klingen[3]?
>Doch wenn du einmal aufhörst zu singen?«

Dann hört er, wieder ganz nahe, die Antwort:
>»Dann wird mit mir geschehen, wie mit allen,
>mein Körper wird vergehen[4].
>Darum frage! Frage! Was willst du, dass ich dir sage?«

Atréju ruft:
>»Uyulála, hilf mir, ich möchte verstehen:
>Warum musst du bald schon vergehen?«

Und die Stimme singt:
>»Die Kindliche Kaiserin siecht[5] dahin und mit ihr das
>phantásische Reich. Das Nichts wird verschlingen[6] den
>Ort, wo ich bin, und bald schon ergeht es mir gleich.

---

1 **wahrnehmen:** hören, sehen, riechen
2 **staunen:** überrascht sein; etwas sehr gut / schön / interessant finden
3 **das Klingen:** (hier) diese Melodie, diese Töne; hohe Geräusche / Töne
4 **vergehen:** (hier) sterben
5 **dahinsiechen:** langsam durch Krankheit sterben
6 **verschlingen:** essen, fressen

Wir werden verschwinden ins Nirgends und Nie. Man
braucht einen neuen Namen für sie.«
Atréju antwortet:
»Sag, Uyulála, wer rettet ihr Leben?
Wer kann einen neuen Namen ihr geben?«
Die Stimme singt:
»Wer kann der Kindlichen Kaiserin einen neuen Namen
geben? Nicht du, noch ich, nicht Elfe, kein Dschinn, von
uns rettet keiner ihr Leben. Doch hinter Phantasien gibt
es ein Land. Die dort wohnen, werden Menschen genannt.
Sie sind in der Lage[1] Namen zu geben. So bringen der
Kaiserin sie das Leben. Doch denken sie lange Zeit an uns
nicht mehr. Wo nehmen wir nun ein Menschenkind her?«
Atréju ist verwirrt[2] und setzt sich erst einmal. Dann schläft er ein.
Als er am Morgen erwacht, erinnert er sich wieder an alles. Nun
weiß er also endlich, was zu tun ist. Nur ein Menschenkind aus
der Welt hinter den Grenzen Phantásiens kann der Kindlichen
Kaiserin einen neuen Namen geben. Er steht auf.

*Ach, denkt Bastian, ich möchte gern helfen. Ich finde sicher einen
besonders schönen Namen für sie. Aber wie kann ich zu Atréju
kommen? Und soll wirklich ich zu ihm? Ich, der dicke, ängstliche
Bastian?*

Atréju sieht sich um. Es ist nichts mehr zu sehen. Keine Treppen
und Terrassen, keine Tore. Doch nicht weit von ihm entfernt sieht
er eine Stelle, wie er sie ihm im Wald schon einmal gesehen hat.
Das Nichts. Diesmal allerdings ist sie ihm viel näher. Er läuft, so
schnell er kann.
Erst nach langer Flucht sieht Atréju fern am Horizont einen
kleinen Hügel. Ist dort das Große-Rätsel-Tor? Er läuft hin. Doch
es ist eingestürzt[3] und die Sphinxen sind fort! Wo sind die Zwei-

---
1 **in der Lage sein, etwas zu tun:** etwas tun können
2 **verwirrt:** durcheinander, konfus
3 **einstürzen:** kaputt gehen; z. B. ein Haus, ein Gebäude

siedler und der Glücksdrache? Da, hinter der Felswand des Observatoriums sieht er etwas. Es ist der weiße Glücksdrache: Fuchur.
»Ich bin froh, dich wiederzusehen«, ruft Atréju.
Er steigt auf den Rücken des Tieres und sie fliegen hoch in die Luft.
Weit kann Atréju übers Land sehen.
»Ich muss versuchen ein Menschenkind zu finden und es zur Kindlichen Kaiserin bringen«, erklärt Atréju.
»Und wo willst du's suchen?«, fragt Fuchur.
»Hinter den Grenzen von Phantásien«, sagt Atréju.
»Wir werden es schon schaffen«, meint Fuchur. »Du wirst sehen, wir haben Glück!«

 Übungen

VIII. IM GELICHTERLAND

Hoch durch die Lüfte reitet Atréju auf dem Drachen. Wie lang schon? Tage und Nächte und wieder Tage – er weiß es nicht.
»Atréju, mein kleiner Herr, schläfst du?«, fragt Fuchur plötzlich.
»Nein«, sagt Atréju, »was gibt es, Fuchur?«
»Sollen wir nicht lieber umkehren[1]?«
»Du meinst, wir sollen unverrichteter Dinge[2] zur Kindlichen Kaiserin kommen?«
»Was war denn dein Auftrag?«
»Die Ursache der Krankheit erfahren, an der die Kindliche Kaiserin dahinsiecht und welches Heilmittel es dagegen gibt.«
»Aber es war nicht dein Auftrag«, antwortet Fuchur, »dieses Heilmittel selbst zu bringen.«
»Aber was hilft es ihr«, ruft Atréju, »wenn ich nicht ein Menschenkind mitbringe, das sie retten kann?«

---
[1] **umkehren:** zurückgehen; (hier) zurückfliegen
[2] **unverrichteter Dinge:** ohne Information bekommen zu haben; ohne etwas zu erreichen

33

»Das kannst du nicht wissen«, antwortet Fuchur. »Vielleicht ist es für sie leicht, ein Menschenkind zu sich zu rufen.«

Atréju schweigt. Was der Drache da sagt, ist richtig. Aber vielleicht ist es auch nicht richtig. Er weiß nicht, was er tun soll.

»Lass uns noch ein kleines Stück weiterfliegen«, sagt er leise, »eine Stunde noch.«

Doch diese eine Stunde ist eine Stunde zu viel. Die beiden haben nicht darauf geachtet, dass der Himmel im Norden schwarz wird von Wolken. Im Westen steht die Sonne blutrot am Himmel. Im Osten kommt bleigrau[1] ein Gewitter näher und im Süden ist der Himmel schwefelgelb[2].

»Vielleicht sind es die vier Windriesen, die wieder einmal miteinander kämpfen«, erklärt Fuchur. »Für sie ist es ein Spiel. Aber für uns nicht.«

»Die vier Windriesen«, erwidert Atréju, »die möchte ich sowieso etwas fragen.«

»Was willst du?«, ruft der Drache entsetzt.

»Niemand wird uns besser sagen können als sie, wo die Grenzen sind. Sie kennen alle Himmelsrichtungen«, erklärt Atréju.

»Du glaubst, man kann ganz gemütlich mit ihnen reden?«, schreit der Drache. »Atréju, was bist du eigentlich, dass du vor nichts Angst hast?«

»Am Tor der Sphinxe«, antwortet Atréju, »habe ich alle Angst verloren. Außerdem trage ich das Amulett der Kindlichen Kaiserin. Alle Geschöpfe[3] Phantásiens respektieren es.«

»Aber die Windriesen sind dumm«, ruft Fuchur, »und sie kämpfen miteinander. Du wirst sehen, was das heißt!«

Die Gewitterwolken kommen von allen Seiten immer näher. Das schwefelige Gelb, das bleierne Grau, das blutige Rot und das tiefe Schwarz mischen sich. Atréju selbst wird auf seinem weißen Drachen im Kreis herumgewirbelt[4] wie ein Streichholz. Und nun

---

1 **das Blei:** graues schweres Metall, (Pb)
2 **der Schwefel:** gelbe Substanz, gut zum Feuer machen, (S)
3 **das Geschöpf:** die Kreatur, das Wesen
4 **herumwirbeln:** wie von einem Sturm / Hurricane bewegt werden

sieht er die Sturmriesen. Das heißt, er sieht eigentlich nur Gesichter, denn der Rest ändert sich immer, bald deutlich und bald wie im Nebel.

Atréju nimmt mit der rechten Hand das goldene Amulett auf seiner Brust und ruft so laut er kann: »Im Namen der Kindlichen Kaiserin, schweigt und hört mich an!«

Und wirklich wird es plötzlich totenstill.

»Gebt mir Antwort!«, ruft Atréju. »Wo sind die Grenzen Phantásiens?«

Alle vier antworten wie aus einem Mund: »Wer bist du, der du das Zeichen der Kindlichen Kaiserin trägst und nicht weißt, dass Phantásien grenzenlos[1] ist?«

Atréju schweigt. Daran hat er nicht gedacht, dass es vielleicht überhaupt keine Grenzen gibt.

Die Windriesen beginnen wieder ihr Kampfspiel. Atréju hält sich am Drachen fest. Blitze sind überall, sie rasen[2] im Kreis herum. Dann fliegen sie durch Regengüsse[3]. Plötzlich Feuerhitze, doch schon kommen sie in Hagel. Und wieder wirbeln sie hoch. Ein starker Wind kommt auf. »Halt dich fest!«, schreit Fuchur. Aber es ist schon zu spät. Atréju stürzt in die Tiefe. Er stürzt und stürzt.

Viel später öffnet er wieder die Augen. Er liegt im weichen Sand am Meer. Es ist ein grauer, nebliger Tag, aber windstill. Wie kommt er hierher? Er fühlt nach dem Amulett – es ist nicht mehr da! Und der Drache? »Fuchur!«, schreit Atréju. Er springt auf, läuft und ruft nach allen Seiten: »Fuchur! Fuchur! Wo bist du?«

Keine Antwort. Atréju ist ganz allein.

Die Turmuhr schlägt sechs. Draußen ist es jetzt schon dunkel. Da hört er etwas! Schritte? Ist da jemand auf der Treppe? Ein Gespenst[4]? »Ach was«, sagt Bastian halblaut, »es gibt keine Gespenster.«

---

1 **grenzenlos:** es gibt keine Grenzen; es geht immer weiter
2 **rasen:** sehr schnell fahren oder fliegen
3 **der Regenguss:** starker Regen
4 **das Gespenst:** Wesen, das nicht lebt und nicht tot ist; macht anderen Angst

Atréju macht sich auf den Weg. Es ist neblig. Er kann nicht viel sehen, nur ein paar Bäume. Nach etwa einer Stunde kommt er an eine Straße und folgt ihr.

Atréju wandert noch nicht sehr lange, da hört er aus der Ferne etwas näherkommen. Schnell versteckt er sich hinter einem Busch[1] am Straßenrand und wartet ab. Er hört seltsame Musik und schließlich sieht er die ersten Gestalten. Sie scheinen zu tanzen. Es werden immer mehr. Dann sieht er die Gesichter der Tänzer: Sie sind grau wie Asche[2], aber ihre Augen leuchten[3].

Die meisten sind Nachtalben, Kobolde[4] und Gespenster. Atréju wartet in seinem Versteck. Erst muss die letzte Gestalt fort sein. Dann geht er wieder auf die Straße hinaus und schaut dem gespenstischen Zug nach. Soll er ihm folgen oder nicht? Er weiß es nicht. Ihm fehlt das Amulett der Kindlichen Kaiserin. Er fühlt sich hilflos. Aber stehen bleiben kann er auch nicht. Was soll er tun?

Atréju folgt dem Gespensterzug.

Warum nur, ach warum hat er nicht auf Fuchur gehört? Warum sind sie nicht sofort zur Kindlichen Kaiserin geflogen? Jetzt ist es zu spät. Das Schlimmste aber ist, dass es keine Grenzen gibt. Wenn es unmöglich ist, aus Phantásien herauszukommen, dann ist es auch unmöglich, ein Menschenkind zu Hilfe zu rufen. Jetzt aber hört Atréju in seiner Erinnerung noch einmal die Stimme der Uyulála. Früher waren oft Menschen nach Phantásien gekommen und hatten der Kindlichen Kaiserin immer neue, herrliche Namen gegeben – so hat sie doch gesungen. Also gibt es doch einen Weg von der einen Welt in die andere! Nur haben die Menschenkinder diesen Weg vergessen. Aber wenn eines sich wieder daran erinnert?

»Ja! Ja!«, ruft Bastian. »Ich möchte euch ja zu Hilfe kommen, wenn ich nur wüsste wie! Ich weiß den Weg nicht, Atréju. Ich weiß ihn wirklich nicht!«

---

1 **der Busch:** Pflanze; kleiner als ein Baum, größer als Gras
2 **die Asche:** bleibt nach einem Feuer zurück
3 **leuchten:** hell sein; wie Licht / die Sonne
4 **der Kobold:** Fantasiewesen; kleiner Zwerg, der Streiche spielt / Ärger macht

Atréju ist der Prozession sehr nahe gekommen. Es spielt keine Musik mehr. Die Gestalten stehen auch nicht mehr in einem Zug[1], sondern durcheinander auf einem Feld aus grauem Gras. Ihrer aller Augen blicken[2] in dieselbe Richtung. Auf der anderen Seite des Feldes liegt das Nichts. Es ist riesig und es kommt langsam näher.
Atréju sieht, dass sich die Gestalten auf dem Feld vor ihm bewegen. Was haben sie? Plötzlich rasen alle gleichzeitig auf das Nichts zu und springen hinein. Atréju bemerkt mit Schrecken, wie auch er sich mit kleinen Schritten auf das Nichts zubewegt. Langsam, ganz langsam kann er sich umdrehen und zurück gehen. Erst ist es schwer, dann geht es besser. Atréju läuft so schnell er kann auf der Straße zurück. Er läuft und läuft. Dann steht er plötzlich vor einer hohen, pechschwarzen Stadtmauer. Das Tor steht offen und Atréju geht hinein.

Es wird immer kälter. Bastian friert. Und wenn er nun krank wird? Aber nach Hause gehen – nein, er kann es nicht. Lieber sterben! Er nimmt noch zwei Decken. Langsam wird ihm wärmer.

Übungen

IX. SPUKSTADT[3]

»Atréju! Wo bist du? Atréju!«, hört man Fuchur übers Meer rufen. Er versucht den Ort wiederzufinden, wo Atréju ins Wasser gefallen ist, aber selbst ein weißer Glücksdrache kann im Meer nicht den winzigen Punkt eines Körpers finden.

---
1 **der Zug:** (hier) sich in der Form eines Zuges aufstellen / laufen; immer nacheinander
2 **blicken:** schauen, sehen
3 **der Spuk:** unheimlich, macht einem Angst; in der Spukstadt leben Geister

Atréju wandert durch die totenstillen Straßen einer verlassenen[1] Stadt. Über den Straßen hängen Spinnennetze. Es riecht schlecht. Er geht in einige Häuser hinein. Auf einem Tisch steht noch ein halb aufgegessenes Mahl[2]. Atréju isst etwas davon, denn er hat großen Hunger.

Auch Bastian fühlt sich ganz schwach vor Hunger. Er fragt sich, wie lange ein Mensch ohne Essen leben kann. Drei Tage? Zwei? Vielleicht bekommt man schon nach vierundzwanzig Stunden Wahnvorstellungen[3]? Er sieht große Schatten an der Speicherwand. Die Turmuhr schlägt sieben Mal.

Atréju geht weiter ohne Ziel durch die Stadt. Dann hört er plötzlich irgendwo jemanden heulen[4]. Er folgt dem Heulen. Hinter einem Haus sieht er einen riesigen, sehr mageren Werwolf[5] liegen.
»Wer bist du?«, fragt Atréju und kommt näher.
»Ich bin Gmork, der Werwolf. Aber *du* gehörst nicht hierher. Was suchst du hier?«
»Ich weiß nicht, wie ich hergekommen bin. Wie heißt diese Stadt?«
»Spukstadt«, antwortet Gmork. »Und wer bist du?«
»Ich bin niemand. Mein Name ist egal … Soll ich dich von der Kette losmachen?«
»Einen hungrigen Werwolf freilassen? Ich bin gefährlich! Aber ich liege an einer magischen Kette. Nur die Person kann sie lösen, die mich angekettet hat. Und die kommt nie mehr zurück.«
»Und wer hat dich angekettet[6]?«
»Gaya war's, die Finstere[7] Fürstin[8].«
»Und wo ist sie hingegangen?«
»Sie hat sich ins Nichts gestürzt – wie alle anderen hier.«

---

1 **verlassen:** ohne Menschen, leer
2 **das Mahl:** das Essen
3 **die Wahnvorstellung:** Halluzination; Gedanken, die nicht wahr sein können
4 **heulen:** weinen, klagende Geräusche machen
5 **der Werwolf:** (in Geschichten) halb Mensch, halb Wolf
6 **angekettet:** mit einer Kette (z. B. aus Metall) fest machen
7 **finster:** sehr dunkel; (hier) böse
8 **die Fürstin:** Herrscherin, hohe Aristokratin, Regentin

»Warum?«, murmelt Atréju. »Warum sind sie nicht geflohen?«
»Das Nichts zieht euch so sehr an und ihr springt alle hinein.«
»Und du?«, fragt Atréju weiter. »Bist du nicht einer von uns?«
»Es gibt Wesen, die haben keine eigene Welt«, sagt Gmork.
»Deshalb können sie in vielen Welten ein- und ausgehen. Ich bin einer von ihnen. In der Menschenwelt sehe ich aus wie ein Mensch, aber ich bin keiner. Und in Phantásien nehme ich phantásische Gestalt an – aber ich bin keiner von euch.«
»Kannst du mir den Weg in die Welt der Menschen verraten?«
»Der Weg ist sehr einfach. Aber ihr könnt nie wieder zurück.«
»Was muss ich tun?«, fragt Atréju.
»Du musst nur in das Nichts springen. Aber wenn du in der Menschenwelt erscheinst, dann bist du nicht mehr, was du hier bist.«
»Was bin ich dort?«, fragt Atréju. »Sag mir das Geheimnis!«
»Wie sieht das Nichts aus, Söhnchen?«
»Als ob man blind ist.«
»Gut, und wenn ihr da durchkommt, dann kommt es mit euch, das Nichts. Durch euch werden die Menschen blind und können die Wahrheit nicht mehr sehen. Weißt du, wie man euch dort nennt?«
»Nein«, flüstert Atréju.
»Lügen!«, bellt[1] Gmork. »Was seid ihr denn, ihr Wesen Phantásiens? Traumbilder seid ihr, Figuren in einer unendlichen Geschichte! Was werden all die Bewohner von Spukstadt, die ins Nichts gesprungen sind? Sie werden zu Wahnideen[2] in den Köpfen der Menschen, zu Einbildungen[3]. Deshalb hassen und fürchten die Menschen Phantásien und alles, was von hier kommt. Sie wollen es vernichten. Und wenn sie es vernichten, kommen immer mehr Lügen und machen die Seelen[4] der Menschen krank. Sie aber wissen es nicht. Ist das nicht lustig? Und ihr, die Lügen, lasst sie glauben, dass es Phantásien nicht gibt. Deshalb kommen sie nicht

---

1 **bellen:** das Geräusch machen Hunde
2 **die Wahnidee:** kranke Idee; Idee, die verrückt ist
3 **die Einbildung:** Illusion; etwas ist nicht wirklich da, man denkt nur, dass es da ist
4 **die Seele:** Denken und Fühlen des Menschen; (religiös) körperloser, unsterblicher Teil des Menschen

auf die Idee, euch zu besuchen«, erklärt Gmork. »Und wenn sie euch in eurer wahren Gestalt nicht kennen, kann man alles mit ihnen machen. Man hat Macht[1] über sie. Nichts gibt größere Macht über die Menschen als die Lüge. Mit Lügen, kleiner Phantásier, werden in der Menschenwelt große Geschäfte gemacht, beginnen Kriege, werden Weltreiche begründet …«

Atréju sitzt traurig da. Jetzt versteht er. Phantásien wird immer mehr vernichtet. So kommen immer mehr Lügen in die Menschenwelt und deshalb kommt auch kein Menschenkind mehr zu ihnen.

Und noch einer weiß es jetzt: Bastian Balthasar Bux. Er versteht nun, dass nicht nur Phantásien krank ist, sondern auch die Menschenwelt. Er hat nie glauben wollen, dass das Leben so grau und gleichgültig[2] sein sollte, wie all die Leute immer sagen. Aber nun weiß er auch, dass man nach Phantásien gehen muss. Nur so werden beide Welten wieder gesund. Er muss den Weg finden! Die Turmuhr schlägt acht.

»Und du?«, fragt Atréju. »Warum bist du hier?«
»Ich hatte einen Auftrag.«
»Hast du ihn erfüllt?«
»Nein«, knurrt Gmork, »darum liege ich ja an dieser Kette. Die Finstere Fürstin hat mich in ihren Palast eingeladen und mit mir geredet und war so freundlich. Ich begann auch zu reden und erzählte ihr schließlich meinen Auftrag. Als ich eines Morgens aufwachte, lag ich an dieser Kette. Die Finstere Fürstin stand vor mir und sagte: ›Wenn du gegen Phantásien kämpfst, so kämpfst du auch gegen mich, Gmork. Diese Kette kann nur ich wieder lösen. Aber ich gehe nun ins Nichts und werde nie mehr wiederkommen.‹ Dann ging sie fort. Und du, Söhnchen, hast mir jetzt zu lange zugehört. Jetzt hat sich das Nichts wie ein Ring um die Stadt gelegt. Du kommst nicht mehr weg.«
»So werden wir zusammen umkommen«, sagt Atréju.

---

1 **die Macht:** Kontrolle
2 **gleichgültig:** (hier) ohne Interesse

»Aber ich werde gleich sterben«, antwortet Gmork, »und du wirst vom Nichts verschlungen. Das ist ein großer Unterschied. Denn meine Geschichte ist zu Ende, aber die deine geht weiter ohne Ende – als Lüge.«
»Was war dein Auftrag?«, fragt Atréju.
Gmork wird schwächer. Leise spricht er weiter: »Wir hatten erfahren, dass die Kindliche Kaiserin einen Boten geschickt hatte. Ich sollte ihn rechtzeitig umbringen[1]. Ich folgte ihm Tag und Nacht, kam immer näher. Aber dann, am Tiefen Abgrund bei Ygramuls Netz, war er plötzlich weg. Also suchte ich weiter – nichts. Ich hab's nicht geschafft. Aber er auch nicht, denn Phantásien geht unter! Sein Name war Atréju.«
»Das bin ich«, sagt der Junge, »ich bin Atréju.«
Der Werwolf lacht. Dann ist er still und es ist zu Ende. Gmork ist tot. Doch plötzlich, schneller als ein Gedanke, beißen sich Gmorks Zähne in Atréjus Bein fest. Auch nach dem Tod ist das Böse in ihm. Atréju versucht freizukommen. Doch er kann die Zähne nicht öffnen. Und leise kommt das Nichts näher.

Übungen

X. DER FLUG ZUM ELFENBEINTURM

Immer noch sucht der weiße Glücksdrache nach seinem kleinen Herrn und Freund. Er fliegt sehr hoch. Plötzlich sieht er in weiter Ferne etwas, das er sich nicht erklären kann. Ein goldenes Licht. Es kommt aus den Tiefen des Wassers. Glücksdrachen sind Wesen aus Luft und Feuer. Das nasse Element ist ihnen nicht nur fremd, sondern auch gefährlich für sie. Doch Fuchur stürzt sich in die Tiefe und taucht mit einem großen »Platsch« ins Meer. Bald sieht er das Licht ganz nah vor sich. Er fühlt, wie er kälter und immer

---
1 **jemanden umbringen:** töten

schwächer wird. Mit den letzten Kräften taucht er noch tiefer. Es ist AURYN! Fuchur greift nach dem Amulett und legt sich die Kette um den Hals.

Als er die Augen öffnet, fliegt er wieder über dem Meer durch die Lüfte. Aber wohin fliegt er? Ein anderer, sehr viel stärkerer Wille lenkt[1] ihn nun. Und dieser Wille kommt aus dem Amulett.

Es wird Abend, als Fuchur endlich Land sieht. Der größte Teil ist schon vom Nichts verschlungen. Doch mitten in diesem endlosen[2] Nichts gibt es eine kleine Insel, eine Insel aus Häusern und Türmen. Fuchur weiß schon, wen er dort finden wird.

Atréju liegt neben dem toten Werwolf. Er träumt. Er ruft nach Artax, seinem Pferd. Aber es kommt nicht. Er ruft nach der Kindlichen Kaiserin, aber vergebens[3]. Er ist kein Bote mehr, er ist niemand. Atréju hat aufgegeben.

Aber dann fühlt er noch etwas anderes: das Nichts! Es ist sicher schon sehr nah. Es zieht ihn an. Doch er hängt in den Zähnen des Werwolfs fest. Das ist sein Glück.

Jetzt hört Atréju plötzlich eine laute Stimme über sich am Himmel: »Atréju! Bist du hier?«

»Fuchur!«, ruft Atréju. »Fuchur! Hilf mir! Ich bin hier!«

Dann sieht er Fuchur wie einen lebenden Blitz, zuerst sehr fern, weit oben, dann ein zweites Mal schon viel näher. Schließlich landet der Glücksdrache hart neben Atréju und dem toten Gmork auf dem nassen, schmutzigen Boden.

»Endlich!«, sagt er. »Komm! Wir haben keine Zeit zu verlieren.«

Atréju schüttelt nur den Kopf. Nun erst sieht Fuchur, dass Atréjus Bein in den Zähnen des Werwolfs steckt. »Das werden wir gleich haben«, meint er. Aber er schafft es nicht. Die Zähne öffnen sich um keinen Millimeter. Dann kommt ihm das Glück zu Hilfe. Er ist eben ein Glücksdrache. Das Amulett der Kindlichen Kaiserin, das an der Kette um Fuchurs Hals hängt, legt sich auf den Kopf des toten Werwolfs. Die Zähne geben Atréjus Bein frei.

---

1 **lenken:** etwas in eine bestimmte Richtung bringen; sagen, wohin man fährt oder fliegt
2 **endlos:** es gibt kein Ende
3 **vergebens:** ohne Erfolg

»He!«, ruft Fuchur. »Hast du das gesehen?«
Atréju antwortet nicht. Er ist weg.
Jetzt fühlt Fuchur es selbst: das immer näher kommende Nichts. AURYN hält ihn, wo er ist. Atréju aber ist schon ganz nah am Nichts. In diesem Augenblick fährt Fuchur wie ein weißer Blitz über ihn, packt ihn und fliegt mit ihm in den nachtschwarzen Himmel. Erst am frühen Morgen sehen die beiden fern am Horizont den Elfenbeinturm.
Dazu muss eine Besonderheit der phantásischen Geografie erklärt werden: Länder und Meere, Gebirge und Flüsse sind dort nicht fest wie in der Menschenwelt. Es kann keine Landkarte von Phantásien geben. Man kann niemals mit Sicherheit sagen, welches Land wo liegt. Phantásien ist grenzenlos und sein Mittelpunkt[1] kann überall sein. Und da steht eben der Elfenbeinturm.
Atréju weiß nicht mehr, was geschehen ist. Sein Mantel, seine Haare und sein ganzer Körper sind grau geworden. Fuchur kann er fast nicht mehr sehen, so blass ist er. Sie beide sind dem Nichts zu nahe gekommen.
»Wir werden bald da sein«, sagt Atréju. »Dann muss ich der Kindlichen Kaiserin sagen, dass es keine Rettung mehr gibt.«
»Hast du die Kindliche Kaiserin, die Goldäugige Herrin der Wünsche, schon einmal gesehen, Atréju?«
»Nein, wie sieht sie aus?«
»Wie ein kleines Mädchen. Aber sie ist viel älter als die ältesten Wesen Phantásiens. Besser gesagt: Sie ist ohne Alter.«
»Aber sie ist sterbenskrank«, meint Atréju. »Kann ich ihr die Wahrheit sagen?«
»Das musst du.«
»Noch etwas möchte ich dich fragen, Fuchur«, sagt Atréju dann. »*Wer* ist sie? Ich meine, AURYN hat Macht über alle Wesen Phantásiens. Und doch übt die Kindliche Kaiserin niemals Macht aus[2]. Es ist, als wäre sie nicht da, und doch ist sie in allem. Ist sie wie wir?«

---
1 **der Mittelpunkt:** das Zentrum
2 **etwas ausüben:** praktizieren, nutzen

»Nein«, sagt Fuchur, »sie ist nicht, was wir sind. Sie ist kein Geschöpf Phantásiens. Sie ist anders.«
»Also«, wiederholt Atréju, »*wer* ist sie?«
»Das ist das tiefste Geheimnis unserer Welt. Mehr weiß ich nicht.«
»Und nun«, sagt Atréju, »wird alles zu Ende sein und wir werden ihr Geheimnis nicht verstanden haben.«
Kurze Zeit später überfliegen sie das Labyrinth um den Elfenbeinturm. Auch hier ist das Nichts schon angekommen. Die bunten Blumen und Büsche sind grau und trocken geworden. Aber noch steht, in feenhaftem[1] Weiß, in der Mitte der Elfenbeinturm.
Fuchur landet auf der Hauptstraße. Atréju sieht sich um. Es ist niemand zu sehen.
»Atréju«, flüstert Fuchur, »du musst ihr das Amulett zurückgeben.«
Atréju nimmt es an sich.
»Fuchur«, fragt er, »wohin muss ich gehen?«
Aber der Glücksdrache antwortet nicht mehr. Er liegt da wie tot.
Atréju sieht ein großes Tor, das offensteht. Hinter dem Tor führt eine breite weiße Treppe nach oben. Er steigt hinauf. Blut tropft aus Atréjus verletztem Bein auf die weißen Stufen. Endlich kommt er oben an und sieht vor sich einen langen Gang. Wie im Traum kämpft er sich weiter. Hinter einem zweiten, kleineren Tor steigt Atréju eine weitere Treppe hinauf. Dann kommt er in einen Garten. Alles – Bäume, Blumen und Tiere – ist aus Elfenbein. Auf allen vieren[2] kommt er über mehrere Brücken. Endlich sieht er einen Berg aus Elfenbein und auf diesem den Magnolienpavillon[3]. Kein Weg führt hinauf, keine Treppe. Atréju sinkt zu Boden. Niemand weiß, wie man dieses letzte Stück des Wegs schafft. Es muss einem geschenkt werden.
Und dann steht Atréju plötzlich vor der Goldäugigen Herrin der Wünsche. Sie sitzt zwischen vielen Kissen in der Mitte des Pavillons und sieht ihn an. Wie krank sie ist, kann Atréju an der Blässe ihres Gesichts sehen. Die Kindliche Kaiserin sieht aus wie ein

---
1 **feenhaft:** wie eine Fee; meist klein, fein, zart
2 **auf allen vieren:** auf Knien und Händen
3 **die Magnolien:** Baum mit großen, meist weißen Blüten; blüht nur sehr kurz im Frühjahr

kleines Mädchen von höchstens zehn Jahren, aber ihr langes Haar ist weiß wie Schnee. Sie lächelt.

Bastian erschrickt. Jetzt hat er für den Teil einer Sekunde das Gesicht der Kindlichen Kaiserin wirklich vor sich gesehen. Mit seinen Augen! Bastian weiß mit Sicherheit, dass er nie in seinem Leben etwas Schöneres gesehen hat als dieses Gesicht. Und im gleichen Augenblick weiß er auch, wie sie heißt: Mondenkind. Ganz sicher. Das ist ihr Name. Und Mondenkind hat ihn angesehen – ihn, Bastian Balthasar Bux! Dieser Blick hat ihn mitten ins Herz getroffen. Es ist wie ein Schmerz. Die Turmuhr schlägt zehn.

Übungen

XI. DIE KINDLICHE KAISERIN

Atréju steht vor der Kindlichen Kaiserin und sagt nichts. Sie lächelt ihm zu und sagt mit einer Stimme, die klingt wie ein kleiner Vogel, der im Schlaf singt: »Du bist zurück von der Großen Suche, Atréju.«
»Ja«, erwidert Atréju.
»Grau ist dein schöner Mantel geworden, grau dein Haar und deine Haut wie Stein. Aber alles soll nun wieder werden wie früher und noch schöner. Du wirst sehen.«
Atréju schüttelt nur langsam den Kopf.
»Du hast meinen Auftrag erfüllt …«, hört er die Stimme sagen.
Atréju greift nach der Kette mit dem goldenen Amulett und nimmt sie von seinem Hals. Er will in die Knie gehen, aber mit dem verletzten Bein geht das nicht. Er fällt der Kindlichen Kaiserin vor die Füße.
Sie hebt AURYN auf und sagt: »Du hast deine Sache gut gemacht.«
»Nein!«, antwortet Atréju fast wild. »Es gibt keine Rettung.«
Sie lacht leise und vergnügt. »Aber du hast ihn doch mitgebracht.«
»Wen?«

»Unseren Retter.«

Atréju blickt ihr in die Augen. »Goldäugige Herrin der Wünsche«, stottert[1] er. »Ich … nein wirklich, ich verstehe nicht, was du meinst.«

»Ich habe ihn gesehen«, erzählt sie, »und auch er hat mich angesehen. Du hast ihn mitgebracht.«

Atréju schaut sich um. »Wo ist er denn? Ich sehe hier niemanden!«

»Oh, noch ist er nicht in unserer Welt. Aber bald wird er ganz bei uns sein und mich bei meinem neuen Namen rufen, den nur er mir geben kann. Dann werde ich gesund werden und Phantásien mit mir.«

Atréju setzt sich auf. »Du weißt also schon alles?«

»Ja«, sagt sie, »und ich wusste es schon vor deiner großen Suche.«

Atréju sitzt mit offenem Mund da. »Warum hast du mich dann losgeschickt? Nach allem, was ich erlebt habe, erklärst du mir, dass du dir nur einen Spaß mit mir gemacht hast?«

»Ich habe keinen Spaß mit dir gemacht, Atréju. Es musste sein. Ich habe dich auf die große Suche geschickt, weil wir nur so unseren Retter rufen konnten. Denn er hat an allem teilgenommen, was du erlebt hast. Du hast seinen Schreckensschrei am Tiefen Abgrund gehört und du hast vor dem Zauber-Spiegel-Tor seine Gestalt gesehen. Du bist in sein Bild hineingegangen und darum ist er dir gefolgt. Auch jetzt hört er jedes Wort, das wir sprechen. Und er weiß, dass wir von ihm reden und auf ihn warten und hoffen.«

»Wie kannst du das alles wissen?«, fragt Atréju nach einer Weile.

Die Kindliche Kaiserin zeigt auf AURYN: »Hast du es nicht immer getragen? Hast du nicht gewusst, dass ich die ganze Zeit bei dir war?«

»Immer nicht«, antwortet Atréju, »ich hatte es verloren.«

»Ja«, sagt sie, »da warst du wirklich allein.«

Atréju berichtet, was er in dieser Zeit erlebt hat.

»Ja, es ist wahr«, sagt nun die Kindliche Kaiserin, »alle Lügen waren einmal Geschöpfe Phantásiens. Doch was Gmork dir sagte, war nur

---

1 **stottern:** Probleme beim Sprechen haben; mit Pausen sprechen, Buchstaben / Laute wiederholen: »G-g-goldäugige H-h-herrin«

die halbe Wahrheit. Es gibt zwei Wege, über die Grenze zu gehen, einen richtigen und einen falschen. Wenn die Wesen Phantásiens durchs Nichts gehen, so ist es der falsche. Wenn aber Menschenkinder in unsere Welt kommen, so ist es der richtige. Alle, die bei uns waren, haben etwas erfahren, was sie nur hier erfahren konnten. Wo sie vorher nur Alltäglichkeit gefunden hatten, sahen sie plötzlich Wunder und Geheimnisse. Deshalb kamen sie gern zu uns nach Phantásien.«
»Verstehst du nun, Atréju«, fragt die Kindliche Kaiserin, »nur durch eine lange Geschichte voller Abenteuer, Wunder und Gefahren konntest du unseren Retter zu mir führen, durch deine Geschichte.«
Atréju nickt. »Wenn es so ist, wie du sagst, warum ist der Retter dann noch immer nicht hier? Auf was wartet er noch?«
»Ja«, fragt die Kindliche Kaiserin leise, »auf was wartet er noch?«

Bastian fühlt, wie seine Hände vor Aufregung feucht werden.
»Ich weiß ja gar nicht, was ich tun muss«, sagt er leise.

»Ich habe noch eine Frage«, sagt Atréju. »Warum kannst du nur gesund werden, wenn du einen neuen Namen bekommst?«
»Nur der richtige Name gibt allen Wesen und Dingen ihre Wirklichkeit«, erklärt sie. »Der falsche Name macht alles unwirklich. Das ist es, was die Lüge tut. Der Retter weiß den Namen.«

»Ja«, sagt Bastian, »ich weiß ihn. Aber was soll ich jetzt tun?«

»Er muss mich bei meinem neuen Namen rufen, den nur er weiß«, erklärt die Kindliche Kaiserin.

Bastians Herz beginnt wild zu klopfen. Soll er es einfach ausprobieren? Aber wenn die beiden gar nicht von ihm reden, sondern von einem ganz anderen Retter?

»Vielleicht«, beginnt Atréju von Neuem, »versteht er noch immer nicht, dass er und kein anderer gemeint ist?«
»Nein«, sagt die Kindliche Kaiserin, »so dumm kann er nicht sein.«

»Ich probier's einfach aus!«, sagt Bastian. Aber er tut es nicht. Was soll er in Phantásien? Er will zu Atréju und der Kindlichen Kaiserin, aber er will nicht zu all diesen Ungeheuern, von denen das Land voll ist.

»Vielleicht ist er nicht mutig genug«, meint Atréju.
»Braucht man Mut, meinen Namen auszusprechen?«
»Dann weiß ich nur noch einen Grund«, sagt Atréju, »wir sind ihm gleichgültig.«

»Nein! Nein!«, ruft Bastian. »Bitte, denkt nicht so was von mir! So ist es nicht, Atréju. Ich muss mir nur noch mal alles gründlich überlegen. Es ist nicht so einfach.« Er stellt sich vor, wie er plötzlich vor ihnen steht – dick wie er ist und mit seinen X-Beinen[1]. Die Kindliche Kaiserin wird fragen: »Was willst du denn hier?« Sie warten auf einen Prinzen oder so etwas. Er kann da nicht hin.

Atréju und die Kindliche Kaiserin warten. Doch niemand kommt.
»Mir bleibt noch ein Mittel«, sagt die Kindliche Kaiserin endlich, »er gehört schon zur Unendlichen Geschichte. Er muss kommen. Doch brauche ich Hilfe. Nur einer kann mir helfen: der Alte vom Wandernden Berge.«
»Der Alte vom Wandernden Berge?«, wiederholt Atréju. »Den gibt es? Die alten Leute erzählen den ganz kleinen Kindern von ihm, wenn sie böse sind. Sie sagen, dass er alles, was man tut oder unterlässt, ja sogar was man denkt und fühlt, in sein Buch schreibt und dass es dann dort für immer steht als schöne oder als hässliche Geschichte. Gibt es ihn wirklich? Willst du ihn suchen?«

---

[1] **X-Beine:** Beine, die nicht gerade stehen, sondern ein X formen

»Den Alten vom Wandernden Berge kann man nicht suchen. Aber wenn es ihn gibt, werde ich ihn finden und wenn ich ihn finde, wird es ihn geben.«
Atréju versteht die Antwort nicht. »Ist er – wie du?«
»Er ist wie ich«, antwortet sie, »denn er ist in allem mein Gegenteil.«
Atréju macht sich Sorgen: »Du bist todkrank, Goldäugige Herrin der Wünsche«, sagt er, »und allein wirst du nicht weit kommen. Fuchur und ich werden gern mitkommen, aber Fuchur ist noch schwach und mein Bein trägt mich nicht mehr.«
»Danke, Atréju«, antwortet sie, »danke für dein tapferes[1] und treues Angebot. Aber den Alten vom Wandernden Berge findet man nur allein. Und Fuchur und du, Atréju, ihr müsst euch ausruhen. Ich bin nicht ganz so verlassen, wie du glaubst. Ich habe meine sieben Mächte um mich, die zu mir gehören. Du kannst sie nicht sehen und nicht hören und doch sind sie alle bei mir in diesem Augenblick. Drei von ihnen will ich bei dir und Fuchur lassen. Vier nehme ich mit mir und sie werden mich begleiten.«
Bei diesen Worten der Kindlichen Kaiserin kommt große Müdigkeit über Atréju. Er sitzt mit geschlossenen Augen da und schläft ein.

Die Turmuhr schlägt elf.

Die Kindliche Kaiserin verlässt den Elfenbeinturm in einer Sänfte[2] aus Glas, die wie von allein fliegt. Sie fliegt durch das Labyrinth und bleibt an seinem Ausgang stehen.
»Weiter! Einfach weiter – irgendwohin!«, sagt die Kindliche Kaiserin und lässt den Elfenbeinturm und das Labyrinth hinter sich.

Übungen

---
1 **tapfer:** mutig; ohne zu klagen
2 **die Sänfte:** in der liegt man und andere tragen sie

XII. DER ALTE VOM WANDERNDEN BERGE

Das Schicksalsgebirge[1] ist das größte und höchste in ganz Phantásien. In diese Region des ewigen Eises kommt sonst niemand. Aber jetzt steigt ein winziger Punkt langsam hinauf. Es ist die gläserne Sänfte der Kindlichen Kaiserin. Lange ist sie nun schon unterwegs. Die Sänfte bewegt sich zwischen zwei Felswänden. Langsam führt ein Weg nach oben. Plötzlich geben die Felswände den Blick auf eine weite, weiße Fläche frei. Mitten auf dieser Fläche steht ein kleinerer Berg. Er ist ziemlich schmal und hoch, ähnlich wie der Elfenbeinturm, aber von leuchtendem Blau. Etwa auf halber Höhe dieses Berges steht ein Ei von der Größe eines Hauses. Es hat eine kreisrunde Öffnung.

»Halt!«, sagt die Kindliche Kaiserin leise. Die Sänfte bleibt stehen. Die Kindliche Kaiserin steigt aus und macht sich auf den Weg über die weite Schneefläche. Sie ist barfuß[2] und der Schnee ist hart. Ihre zarten[3] Füße bluten. Endlich kommt sie zum blauen Berg. Aus der kreisrunden, dunklen Öffnung des großen Eis kommt eine lange Leiter – viel, viel länger als das Ei selbst. Es ist eine Leiter aus Versen. Die Kindliche Kaiserin steigt hinauf und liest:

kehr um, kehr um, geh fort, geh fort – zu keiner Zeit an
keinem Ort – darfst du mich treffen, lass es sein – kommst
du zu mir altem Mann – geschieht was nicht geschehen
kann

Sie macht eine Pause und blickt nach oben. »Alter vom Wandernden Berge«, sagt sie laut, »wenn du nicht willst, dass wir uns begegnen, warum gibt es dann diese Leiter?« Dann steigt sie weiter nach oben.

was du getan und was du bist – schreib ich auf als der
Chronist[4] – hier endet was durch dich beginnt – du wirst
nie alt sein Kaiserkind – ich Alter war nie jung wie du –
was du beginnst, bring ich zur Ruh

---
1 **das Schicksal:** eine höhere Macht, die das Leben bestimmt
2 **barfuß:** keine Kleidung an den Füßen
3 **zart:** fein, weich
4 **der Chronist:** jemand, der eine Chronik schreibt; Chronik = etwas wird in der korrekten Reihenfolge aufgeschrieben; meist Ereignisse der Geschichte

Die Kindliche Kaiserin kommt oben an und steigt in das Ei. Es ist ganz dunkel und nichts geschieht. »Hier bin ich«, sagt sie.
Nach und nach kann sie in der Finsternis[1] ein schwaches rötliches Licht sehen. Es kommt aus einem Buch, das aufgeschlagen in der Mitte Raumes in der Luft schwebt[2]. Auf dem Buch steht der Titel:
DIE UNENDLICHE GESCHICHTE

Bastian kommt durcheinander. Das ist doch das Buch, in dem er gerade liest! Es ist das Buch, das er in der Hand hat.

Die Kindliche Kaiserin sieht nun auf der anderen Seite des Buches das Gesicht eines sehr alten Mannes. Sein Bart ist weiß und lang. Was er spricht, wird wie von Zauberhand in das Buch geschrieben. Die Kindliche Kaiserin liest und hört, was er sagt und schreibt. Es ist: »Die Kindliche Kaiserin liest und hört, was er sagt und schreibt …«
Jetzt sagt sie leise: »Ich brauche deine Hilfe.«
»Ich weiß«, antwortet und schreibt der alte Mann. »Aber ich kann nur zurückschauen auf das, was geschehen ist. Durch mich wird alles endgültig – auch du, Goldäugige Herrin der Wünsche. Dieses Ei ist dein Grab[3]. Du bist jetzt in der Erinnerung Phantásiens. Wie willst du diesen Ort je wieder verlassen?«
»Jedes Ei«, antwortet sie, »ist der Anfang neuen Lebens.«
»Wahr«, schreibt und sagt der Alte, »aber nur, wenn es aufspringt[4]. Durch deine Kraft bist du hereingekommen. Aber hier hast du sie nicht mehr. Wir sind eingeschlossen für immer. Dies ist das Ende der Unendlichen Geschichte.«
Die Kindliche Kaiserin lächelt. »Einer kann das Ei öffnen.«
»Das«, schreibt der Alte, »kann nur ein Menschenkind.«
»Ja«, erwidert sie, »der, von dem ich rede und auf den ich warte, liest in diesem Buch, in dem du schreibst. Er ist also bei uns.«

---
1 **die Finsternis:** Dunkelheit, im Dunkeln
2 **schweben:** ruhig in der Luft stehen
3 **das Grab:** Platz, an den Tote (bei der Beerdigung) gebracht werden
4 **aufspringen:** (hier) sich durch Kaputtgehen öffnen

»Wahr«, hört sie den Alten, »auch er gehört schon zur Unendlichen Geschichte, denn es ist seine eigene Geschichte.«
»Erzähle sie mir!«, befiehlt die Kindliche Kaiserin, »von Anfang an und Wort für Wort, so wie du sie geschrieben hast!«
»Wenn ich das tue, so muss ich auch alles von Neuem schreiben. Und was ich schreibe, wird von Neuem geschehen.«
»So soll es sein!«, sagt die Kindliche Kaiserin.
»Wirklich, du bist schrecklich«, sagt und schreibt der Alte, »das bedeutet das Ende ohne Ende. Wir kommen so in den Kreis der ewigen Wiederkehr.«
»Nicht nur wir, sondern er auch – wenn er uns nicht rettet. Also tu, worum ich dich gebeten habe!«

Bastian fühlt sich unbehaglich[1]. Was hat sie vor? Es hat mit ihm zu tun. Aber was?

Der Alte vom Wandernden Berge beginnt DIE UNENDLICHE GESCHICHTE von Anfang an zu erzählen.

Auch Bastian hört ihn deutlich.

»Antiquariat – Inhaber: Karl Konrad Koreander
Diese Worte stehen auf der Glastür eines kleinen Ladens. Draußen ist ein grauer, kalter Novembermorgen und es regnet. Plötzlich geht mit einem Schlag die Tür auf.«

Die Geschichte kenne ich gar nicht, denkt Bastian. Ich hab schon wirklich geglaubt, jetzt erzählt der Alte DIE UNENDLICHE GESCHICHTE von vorn.

»Ein kleiner, dicker Junge von vielleicht zehn oder elf Jahren steht da, über der Schulter trägt er eine Schultasche. Er bleibt in der offenen Tür stehen.«

---

1 **unbehaglich:** unruhig, nervös; nicht gut / wohl fühlen

Jetzt ist Bastian doch überrascht. Was da erzählt wird, ist seine eigene Geschichte! Er, Bastian, kommt als Person in dem Buch vor, das er liest! Jetzt bekommt Bastian Angst. Er fühlt sich eingeschlossen.

Die Stimme des Alten vom Wandernden Berge spricht weiter

und Bastian kann nichts dagegen tun.

Die tiefe Stimme spricht weiter, immer weiter

und nun hört er ganz deutlich, wie sie sagt:

»›… und hast dich nicht mal vorgestellt!‹
›Ich heiße Bastian‹, sagt der Junge, ›Bastian Balthasar Bux.‹«

Bastian ist ganz still jetzt, ganz klein und still.

Der Alte vom Wandernden Berge erzählt weiter. Atréjus Suche beginnt noch einmal. Er geht durch die drei magischen Tore und in Bastians Bild hinein. Er redet mit der Uyulála und dazwischen geschieht auch alles das, was Bastian erlebt hat: Wie er die Kindliche Kaiserin gesehen hat und sie auf ihn wartet. Noch einmal kommt sie zum Ei des Alten, noch einmal spricht sie mit ihm und wieder beginnt der Alte vom Wandernden Berge DIE UNENDLICHE GESCHICHTE zu schreiben und zu erzählen. Und alles fängt wieder von vorne an und wiederum[1] endet alles mit dem Alten vom Wandernden Berge, der noch einmal DIE UNENDLICHE GESCHICHTE zu schreiben und zu erzählen beginnt …

Bastian muss etwas tun, wenn er nicht selbst in diesem Kreislauf[2] eingeschlossen bleiben will. Er weint. Bastian weiß nicht, was er tun soll. Plötzlich schreit er: »Mondenkind! Ich komme!«

---
1 **wiederum:** wieder, nochmal
2 **der Kreislauf:** Zyklus; etwas beginnt immer mit der Sache, mit der es endet

Es donnert. Das große Ei springt auf. Ein Sturm

fährt aus den Seiten des Buches heraus. Bastian fühlt den Sturm in seinem Haar und im Gesicht. Ein zweiter Sturmwind fährt in das Buch hinein. Die Kerzen gehen aus. Die Turmuhr schlägt zwölf.

Übungen

XIII. PERELÍN, DER NACHTWALD

»Mondenkind, ich komme!«, sagt Bastian noch einmal leise in die Dunkelheit hinein. Doch wo ist er? Er kann zwar kein Licht sehen, aber er hat keine Angst mehr. Er fühlt sich heiter[1] und leicht. Bastian lacht leise. Er fühlt die Schwere seines Körpers nicht mehr. Er schwebt. Es ist ein wunderbares Gefühl grenzenloser Freiheit.

»Mondenkind, wo bist du?«

Und nun hört er eine vogelzarte Stimme. Er hört sie ganz nah und weiß doch nicht, aus welcher Richtung sie kommt.

»Hier bin ich, mein Bastian. Sei mir willkommen, mein Retter.«

»Wo ist Phantásien, Mondenkind? Ist denn alles verschwunden?«

»Es wird ein neues Phantásien geben, nach deinen Wünschen, mein Bastian. Durch mich werden sie Wirklichkeit. Wünsch dir etwas!«

»Ich möchte dich gern noch einmal sehen, Mondenkind.«

»Gib mir deine Hand!«, hört er die Stimme sagen.

Bastian tut es und fühlt, dass sie etwas auf seine Hand legt. Es ist winzig, kalt und hart.

»Das ist alles«, sagt sie, »was von meinem grenzenlosen Reich übrig ist. Ich schenke es dir.«

»Danke«, sagt Bastian. Er fühlt etwas auf seiner Hand. Dann sieht er genauer hin.

---

[1] **heiter:** leichten Herzens; fröhlich, zufrieden

Der winzige Punkt auf Bastians Hand wird zu einem kleinen Licht, das schnell größer wird. Zwei ganz verschiedene Kindergesichter werden über Bastians Hand sichtbar. Langsam zieht er seine Hand zurück und der leuchtende Punkt schwebt wie ein kleiner Stern zwischen ihnen. Der Punkt wächst schneller und schneller. Er wird zu einer ganzen Pflanze mit leuchtenden Blüten[1]. Schon wachsen kleine Früchte, die bald explodieren wie winzige Raketen[2]. Es regnet bunte Samenkörner[3]. Neue Pflanzen wachsen, in immer neuen Formen: Kakteen, Palmen, kleine Bäume … Jede leuchtet in einer anderen Farbe.

Bald ist alles voll von diesen wachsenden Lichtpflanzen. Eine neue, leuchtende Welt schwebt im Nirgendwo, wächst und wächst und in ihr sitzen Bastian und Mondenkind Hand in Hand und sehen mit großen Augen dem wunderbaren Schauspiel zu. Immer dichter und dichter wachsen die leuchtenden Nachtpflanzen und werden zu einem Wald aus buntem Licht.

»Du musst ihm einen Namen geben!«, flüstert Mondenkind.
Bastian nickt. »Perelín, der Nachtwald«, sagt er und blickt der Kindlichen Kaiserin in die Augen.

»Mondenkind«, stottert Bastian, »bist du jetzt wieder gesund?«
»Kannst du das nicht sehen, mein Bastian?«
Um die beiden herum sind die Pflanzen immer dichter geworden. Sie sitzen wie in einem großen, runden Zelt aus Zauberteppichen. Bastian sitzt da und blickt sie an. Er weiß nicht, wie lange er so sitzt.
»Warum hast du mich so lang auf dich warten lassen?«, hört er sie plötzlich fragen. »Warum bist du nicht gekommen, als ich rief?«
»Es war, weil … es war alles Mögliche, auch Angst. Aber in Wirklichkeit habe ich mich vor dir geschämt[4], Mondenkind.«
»Geschämt? Aus welchem Grund denn?«
»Na ja«, antwortet Bastian, » du hast doch sicher einen Prinzen oder so was erwartet. Ganz sicher nicht so einen wie mich.«

---
1 **die Blüte:** der bunte Teil der Blume
2 **die Rakete:** leuchtet, sprüht Funken, explodiert in der Luft, wie bei einem Feuerwerk (z. B. an Silvester)
3 **der Samen:** daraus wächst eine neue Pflanze
4 **sich schämen:** denken, dass man etwas falsch gemacht hat (und dabei rot werden)

Jetzt kommt sie ihm ganz nah. »Schau mir in die Augen!«, sagt sie. Bastian tut es, obwohl ihm das Herz klopft. Und nun sieht er im Goldspiegel ihrer Augen eine Gestalt. Es ist ein Junge, etwa in seinem Alter, doch ist er schlank und von wunderbarer Schönheit. Er sieht aus wie ein junger Prinz. Er trägt einen blauen Turban[1], eine lange, blaue Jacke und seine Beine stecken in hohen roten Stiefeln. Bastian sieht den schönen Königssohn lange an. Plötzlich versteht er, dass er es selber ist. Er sieht sein eigenes Spiegelbild in Mondenkinds Goldaugen! Er dreht sich nach Mondenkind um. Doch plötzlich sieht er nichts mehr. Sie ist nicht mehr da! Er ist allein in dem runden Raum.

»Mondenkind!«, ruft er nach allen Seiten. »Mondenkind!«

Aber er bekommt keine Antwort. Da sitzt er und versucht zu verstehen, warum Mondenkind ihn ohne Erklärung verlassen hat. Seine Finger spielen mit einem goldenen Amulett, das an einer Kette um seinen Hals hängt. Er sieht es sich an. Es ist AURYN, das Amulett der Kindlichen Kaiserin. Auf der Rückseite steht etwas. Es sind vier kurze Worte: »Tu was du willst.«

Bastian will dem Rat folgen und macht sich auf den Weg. Das Wachstum der Nachtpflanzen ist unaufhörlich[2] weitergegangen und Perelín ist zu einem Wald geworden, wie ihn vor Bastian noch nie ein menschliches Auge gesehen hat. Die Bäume sind dick und groß wie Kirchtürme und wachsen immer weiter. Und noch immer fallen wie ein Lichtregen neue Samenkörner herunter.

Bastian spaziert durch den Wald. Er genießt es schön zu sein. Es ist niemand da, der ihn sehen kann, aber das stört ihn nicht. Die, die früher über ihn gelacht haben, sind ihm jetzt egal. Nach und nach wird auch seine Freude über seine Schönheit anders: Sie wird ihm selbstverständlich. Er ist nicht weniger glücklich darüber, es wird nur ganz normal für ihn. Er vergisst nach und nach, dass er einmal dick und x-beinig gewesen ist. Und jetzt wird er ein wenig unzufrieden. Nur schön sein, das ist eigentlich nicht viel! Er will auch stark sein, stärker als alle.

---

1 **der Turban:** Kleidung für den Kopf, aus einem langen Tuch gewickelt
2 **unaufhörlich:** ohne Pause

Dann hat er Hunger. Bastian nimmt sich da und dort einige der seltsamen Früchte und probiert sie vorsichtig. Sie schmecken ganz hervorragend[1], manche süß, manche ein wenig bitter, aber alle sehr lecker.

Der Wald wird immer dichter. Mit der Hand schlägt Bastian sich einen Weg frei. Hinter ihm wächst alles wieder zu. Er geht weiter, aber an einer Mauer aus riesigen Bäumen muss er stehen bleiben. Mit beiden Händen greift er zwei Bäume, schiebt sie auseinander – und kann weitergehen. Bastian jubelt[2] laut. Er ist der Herr des Urwalds[3]!

Jetzt bekommt er Lust, Perelín, sein Reich, einmal aus der Höhe zu sehen. Er steigt auf einen Baum, Hand über Hand und ohne Hilfe der Beine. Früher, in den Sportstunden in der Schule, hat er das nicht gekonnt. Wie ein Sack hatte er da gehangen und alle haben gelacht. Ohne Pause klettert er weiter. Schließlich ist er ganz oben, direkt unter einer riesigen, rot leuchtenden Blüte. Er zieht sich hinauf.

Die Aussicht ist über alle Worte großartig[4]! Von der Blüte aus, in der er steht, kann er sehr weit sehen. Über ihm ist noch immer das Dunkel wie ein sternenloser Nachthimmel, aber unter sich sieht er die Unendlichkeit der Bäume von Perelín in einem wilden Farbenspiel. Das ist sein Reich! Er ist der Herr von Perelín. Sein wilder Jubelschrei fliegt weit über den leuchtenden Urwald.

Übungen

---

1 **hervorragend:** exzellent, sehr gut
2 **jubeln:** vor Freude »juhu!« oder »jippie!« rufen; sich sehr stark freuen
3 **der Urwald:** der Dschungel; ein sehr dichter Wald, vor allem in den Tropen
4 **großartig:** toll

XIV. GOAB, DIE WÜSTE DER FARBEN

Bastian hat in der rot leuchtenden Riesenblüte tief und lang geschlafen. Jetzt schlägt er die Augen auf. Er fühlt eine wunderbare Kraft in sich. Der Wunsch stark zu sein, hat sich erfüllt. Aber das ist ihm nicht mehr genug. Man muss dazu auch abgehärtet[1] sein, spartanisch[2]. So wie Atréju.

Bastian überlegt, was er nun tun will. Wieder im Wald herumspazieren? Er möchte lieber eine Wüste durchwandern.

Und in diesem Augenblick neigt[3] sich die Pflanze, auf der er sitzt. Bastian muss sich festhalten. Der Blick über Perelín, den er nun hat, ist schrecklich. Von den riesigen Nachtpflanzen ist nicht mehr viel übrig. Sie alle werden zu buntem Sand. Nur die Pflanze, auf der er sitzt, noch nicht.

Vorsichtig steigt Bastian aus der Blüte und klettert langsam nach unten. Der Blick in die Tiefe stört ihn nicht. Er hat keine Angst. Langsam kommt er herunter. Aber plötzlich wird auch seine Blume zu Sand. Bastian fällt und landet am Fuß eines Sandhügels. Um sich herum sieht er nur Sandhügel und jeder hat eine andere Farbe: hellblauer Sand hier, grüner da, dann wieder violetter. Perelín ist jetzt eine bunte Wüste!

»Das«, sagt Bastian laut, »ist Goab, die Wüste der Farben!«

Die Sonne steigt höher und höher und die Hitze wird mörderisch[4]. Bastian merkt, dass seine Situation nun tatsächlich schwierig wird. Er greift nach dem Amulett der Kindlichen Kaiserin auf seiner Brust. Es wird ihn führen.

Bastian macht sich auf den Weg, klettert über eine Düne[5] nach der anderen. Stunde um Stunde kämpft er sich weiter. Nur die Farben wechseln. Seine Kraft hilft ihm hier nicht. Es ist heiß und er hat Durst, aber er muss weiter. Bastian gibt nicht auf. In ihm ist ein starker Wille erwacht. Er denkt an früher. Damals hatte er hundert

---

1 **abgehärtet:** an extreme Situationen gewöhnt
2 **spartanisch:** mit wenig zufrieden sein, nur das Nötigste brauchen
3 **sich neigen:** nach unten bewegen; erst steht sie gerade, dann mit dem Kopf nach unten
4 **mörderisch:** mordet, tötet; (hier) es wird so heiß, dass man dadurch sterben könnte
5 **die Düne:** Sandhügel

Dinge angefangen und sie bei der kleinsten Schwierigkeit wieder aufgegeben. Doch das liegt nun weit hinter ihm.
Wahrscheinlich wird er hier vor Durst sterben. Das macht ihm keine Angst. Aber niemand wird je von Bastians Ende erfahren. In Phantásien nicht und auch zu Hause nicht.
Plötzlich kommt ihm eine Idee. Ganz Phantásien, so sagt er sich, ist doch in dem Buch des Alten vom Wandernden Berge enthalten. Und dieses Buch ist DIE UNENDLICHE GESCHICHTE, die er selbst auf dem Speicher gelesen hatte. Also steht jetzt alles, was gerade geschieht, in diesem Buch. Wenn das jemand liest, kann es möglich sein, diesem Jemand ein Zeichen zu geben.
Bastian steht gerade auf einem leuchtend blauen Sandhügel, dahinter liegt eine feuerrote Düne. Bastian holt zwei Hände voll von dem roten Sand und trägt ihn zu dem blauen Hügel. Dann geht er wieder Sand holen. Bald stehen drei riesengroße rote Buchstaben auf dem blauen Hügel: B B B.
Wer DIE UNENDLICHE GESCHICHTE liest, sieht das ganz sicher, denkt er. So wird man wissen, wo er geblieben ist.
Bastian sitzt oben auf dem feuerroten Berg und ruht sich ein wenig aus. Wieder ist ein Stück seiner Erinnerung an den Bastian aus der Menschenwelt fort. Er weiß nichts mehr davon, wie empfindlich[1] er einmal gewesen ist. Jetzt ist er stark und hart. Das macht ihn glücklich. Aber nicht lange. Schon meldet sich ein neuer Wunsch.
»Ich wünsche mir ein richtiges Abenteuer. Ich möchte einem gefährlichen Wesen begegnen. Und ich werde …«
Weiter kommt Bastian nicht. Er fühlt unter sich den Wüstenboden vibrieren[2]. Am fernen Wüstenhorizont rast etwas wie ein Feuerball. Dann kommt es plötzlich direkt auf ihn zu.
Bastian greift nach AURYN auf seiner Brust und fühlt, wie Mut sein Herz füllt. Dann vibriert der Boden wieder. Vor ihm steht ein riesiger Löwe. Seine Mähne[3] und auch das übrige Fell[4] sind

---

1 **empfindlich:** sensibel
2 **vibrieren:** schwingen, sich bewegen; (hier) der Boden zittert / bebt
3 **die Mähne:** hat der männliche Löwe am Kopf; wilde Haare
4 **das Fell:** Haare am Körper Tieren, z. B. Löwe, Hund, Katze …

feuerrot wie der Sand der Düne. Der Löwe blickt ihn an. Bastian sieht ihm in die Augen.

»Ich«, sagt das riesige Tier, »bin Graógramán, der Herr der Farbenwüste, den man auch den Bunten Tod nennt.«

Sie sehen sich lange in die Augen. Es ist wie ein stiller Kampf. Und schließlich sieht der Löwe auf den Boden. Das riesige Tier legt sich vor dem Jungen nieder.

»Herr«, sagt er, »ich warte auf deine Befehle[1]!«

»Dann möchte ich bitte, wenn es möglich ist, gern etwas trinken.«

»Ich werde dich in meinen Palast tragen [2]«, antwortet Graógramán und Bastian steigt auf den Rücken des Löwen. Dann läuft das Tier los, erst noch langsam, dann immer schneller und schneller. Bei jedem neuen Sandhügel wechseln Fell und Mähne des Löwen die Farbe. Erst feuerrot, dann blau, dann grün.

Bastian fühlt die Bewegung der Muskeln im Körper des Löwen. Wie im Sieg schreit er laut. Graógramán antwortet ihm mit einem lauten Brüllen[3]. Für diesen Augenblick sind sie beide eins.

»Wir sind angekommen, Herr«, sagt Graógramán schließlich.

Mit einem Sprung landet Bastian auf dem Sandboden. Vor sich sieht er einen schwarzen Berg. Die Sonne hat nur noch wenig Kraft. Bastian folgt dem Löwen durch einen dunklen Eingang. Er scheint müde zu sein. Durch einen Gang kommen sie in einen großen Saal mit hunderten von bunten Lichtern. In der Mitte steht ein schwarzer Felsblock. Graógramán sieht zu einer kleinen Tür am anderen Ende der Höhle. »Geh dort hinein, Herr.«

Der Löwe legt sich auf den schwarzen Felsblock und nun ist er selbst schwarz wie der Fels. Er flüstert nur noch: »Höre, Herr, es ist möglich, dass du etwas hörst, was dir Angst macht. Aber sei ohne Sorge! Du trägst das Amulett.«

Bastian nickt, dann geht er durch die Tür. Er sieht einen wunderschönen Raum. Auf dem Boden liegen dicke, bunte Teppiche.

---

1 **der Befehl:** das Kommando
2 **gehorchen:** tun, was der / die andere sagt / befiehlt
3 **brüllen:** »roar!«, das Geräusch machen Löwen, Tiger, …

In einer Ecke steht ein breiter Diwan[1] mit weichen Decken und Kissen unter einem himmelblauen Zelt. Auf einem niedrigen Tisch stehen Schüsseln und Teller mit Speisen. Bastian setzt sich an den Tisch und isst.
Plötzlich werden die Lichter dunkler. Dann hört er etwas Schreckliches, wie wenn große Eismassen brechen. Bastian denkt an Graógramáns Worte. Plötzlich ist es still. Er muss wissen, was da geschehen ist! Bastian öffnet die Tür und blickt hinaus. Der Löwe sitzt noch auf dem schwarzen Felsblock und blickt ihn an.
»Graógramán!«, ruft Bastian leise. »Was geschieht hier?«
Doch der Löwe antwortet nicht. Bastian geht zu ihm. Die Augen des Löwen folgen ihm. Bastian legt seine Hand auf die Mähne. Sie ist hart und eiskalt wie der schwarze Fels. Bastian sieht, dass die große Tür sich langsam öffnet. Er geht hinaus.
Aber da ist keine Wüste mehr! In der nächtlichen Dunkelheit sieht er kleine Lichter. Millionen winziger Pflanzen wachsen aus dem Sand. Perelín, der Nachtwald, beginnt von Neuem zu wachsen! Graógramán muss etwas damit zu tun haben. Bastian geht wieder in die Höhle zurück. Nun sind auch die Augen des Löwen schwarz und tot wie der Fels. Graógramán ist zu Stein geworden. Bastian weint. Dann legt er sich zu dem Löwen und schläft ein.

Übungen

XV. GRAÓGRAMÁN, DER BUNTE TOD

»O Herr!«, sagt die Löwenstimme. »Hier hast du geschlafen?«
Bastian öffnet die Augen. Er sitzt vor dem Löwen.
»Ach«, stottert Bastian, »du – du bist nicht versteinert[2]?«
»Nicht mehr«, antwortet der Löwe. »Ich sterbe täglich, wenn es Nacht wird, und jeden Morgen erwache ich wieder. Du, Herr, du

---
1 **der Diwan:** niedriges Sofa
2 **versteinert:** zu Stein geworden

trägst das Zeichen der Kindlichen Kaiserin. Kannst du mir Antwort geben? Warum muss ich sterben, wenn die Nacht kommt?«
»Nur so kann in der Wüste der Nachtwald wachsen«, erklärt Bastian. Und dann erzählt er von Perelín, dem Wald aus Licht.
»Und das alles«, schließt er, »kann nur da sein, wenn du versteinert bist. Aber auch Perelín muss immer wieder sterben. Sonst wird er zu groß und zu dicht. Perelín und du, Graógramán, ihr gehört zusammen.«
»Ich danke dir«, sagt Graógramán. »Ich sehe nun, dass mein Sterben Leben gibt und mein Leben den Tod und beides ist gut.«
Dann geht er weg. Als er zurückkommt, trägt er etwas im Maul[1]. Es ist ein Schwert[2], das sehr alt aussieht.
»Kannst du ihm einen Namen geben?«, fragt Graógramán.
Bastian sieht es an. Dann sagt er: »Sikánda!«
Im gleichen Augenblick fliegt ihm das Schwert in die Hand. Die Klinge[3] ist aus sehr hellem Licht. Er kann es gar nicht ansehen.
»Dieses Schwert«, sagt Graógramán, »lag von je her für dich da. Jetzt gehört es dir.«
»Sikánda!«, flüstert Bastian. »Es ist ein Zauberschwert, nicht wahr?«
»Es schneidet alles«, antwortet Graógramán, »aber nur wenn es von selbst in deine Hand springt. Es wird deine Hand führen und aus eigener Kraft tun, was zu tun ist. Wenn du es aber nach deinem Willen in die Hand nimmst, dann wirst du großes Unheil[4] über dich und Phantásien bringen. Vergiss das niemals.«
»Ich werde es nicht vergessen«, verspricht Bastian.
»Und nun, Herr«, schlägt Graógramán vor, »lass uns zusammen durch die Wüste reiten. Steige auf meinen Rücken!«
Bastian springt auf und der Löwe läuft ins Freie. Der Nachtwald ist längst schon wieder zu farbigem Sand geworden.

---

1 **das Maul:** Mund eines Tiers
2 **das Schwert:** großes, langes Messer für Kämpfe
3 **die Klinge:** damit schneiden Messer und Schwert
4 **das Unheil:** großes Unglück

Gegen Mittag bleibt Graógramán plötzlich stehen. »Dies ist die Stelle, Herr, wo wir uns gestern begegnet sind.«
Bastian sieht keinen blauen und keinen feuerroten Sandhügel. Auch von den Buchstaben ist nichts mehr zu sehen. Die Dünen sind jetzt olivgrün und rosa.
»Woher weißt du, dass es die Stelle von gestern ist?«, fragt Bastian.
»Ich fühle es. Die Wüste ist ein Teil von mir.«
Bastian schaut nachdenklich zum Horizont. »Bist du wirklich schon seit immer hier?«, fragt er dann.
»Seit immer«, antwortet Graógramán.
»Und die Wüste Goab, hat es sie auch immer schon gegeben?«
»Ja, auch die Wüste. Warum fragst du?«
»Ich war sicher, dass sie erst seit gestern Morgen da ist.«
Und nun erzählt ihm Bastian alles, was er erlebt hat. »Ich habe einen Wunsch«, schließt er, »und dann passiert immer gleich etwas, das den Wunsch erfüllt. Alles ist immer erst da, wenn ich es mir wünsche. Oder war es vorher schon da?«
»Beides«, sagt Graógramán. »Weißt du nicht, dass Phantásien das Reich der Geschichten ist? Eine Geschichte kann neu sein und doch von uralten Zeiten erzählen. So wie Perelín. Von dem Augenblick an, als du ihm seinen Namen gabst, Herr, hat er schon immer existiert.«
Viele Tage und Nächte bleibt Bastian beim Bunten Tod und sie werden Freunde. Einmal fragt er: »Kann ich nicht für immer bei dir bleiben?«
Der Löwe schüttelt die Mähne. »Nein, Herr. Du musst deine Geschichte erleben. Du darfst nicht hierbleiben.«
»Aber ich kann doch nicht fort«, meint Bastian. »Die Wüste ist viel zu groß.«
»Die Wege Phantásiens«, sagt Graógramán, »kannst du nur durch deine Wünsche finden.«
»Und wenn ich einen finde«, fragt Bastian, »wie werde ich dann von hier fortgehen können?«
»Höre, Herr«, spricht Graógramán leise, »es gibt in Phantásien einen Ort, der überall hinführt und zu dem man von überall

her kommen kann. Dieser Ort wird der Tausend-Türen-Tempel genannt. Niemand hat ihn je von außen gesehen. Jede Tür in ganz Phantásien, sogar eine ganz gewöhnliche Küchentür, ja sogar eine Schranktür kann zur Eingangstür in den Tausend-Türen-Tempel werden.«

»Aber wenn man einmal drin ist«, fragt Bastian, »kann man dann auch wieder hinaus?«

»Ja«, antwortet der Löwe, »in diesem Tempel gibt es ein Labyrinth von Türen und nur ein wirklicher Wunsch kann dich führen. Wer den nicht hat, der muss auf einen warten. Und das dauert manchmal sehr lange.«

»Und wie kann man die Eingangstür finden?«

»Man muss es sich wünschen.«

Bastian denkt lange nach. Einige Tage später haben sie noch einmal ein sehr wichtiges Gespräch. Bastian zeigt dem Löwen die Worte auf der Rückseite des Amuletts.

»Was kann das bedeuten?«, fragt er. »Tu, was du willst, das bedeutet doch, dass ich alles tun darf, wozu ich Lust habe, meinst du nicht?«

»Nein«, sagt Graógramán mit einer tiefen Stimme, »es heißt, dass du deinem Wahren Willen folgen sollst. Und nichts ist schwerer.«

»Meinem Wahren Willen?«, wiederholt Bastian.

»Es ist dein eigenes, tiefstes Geheimnis, das du nicht kennst.«

»Wie kann ich es herausfinden?«

»Du musst den Weg der Wünsche gehen, von einem zum anderen und bis zum letzten. Der Weg wird dich zu deinem Wahren Willen führen.«

»Das scheint mir eigentlich nicht so schwer«, meint Bastian.

»Aber es ist von allen Wegen der gefährlichste«, sagt der Löwe.

»Warum?«, fragt Bastian. »Ich hab keine Angst.«

»Du musst immer den richtigen Weg finden«, brummt Graógramán. »Auf keinem anderen Weg ist es so leicht, sich endgültig zu verirren.«

Bastian denkt nach. Eins ist klar: In dieser Zeit hat er sich wieder verändert. Er ist nicht nur stark und schön, er ist jetzt auch mutig.

Seine frühere Ängstlichkeit hat er vergessen. Und da es nun nichts mehr gibt, vor dem er Angst hat, hat er bald einen neuen Wunsch. Er will nicht mehr länger allein sein. Sicher, er hat Graógramán, aber er braucht ein Publikum. Er will den anderen zeigen, was er kann. Er will berühmt werden.
Und eines Nachts, als er wieder dem Wachstum von Perelín zusieht, fühlt Bastian plötzlich, dass dies das letzte Mal ist. Eine innere Stimme ruft ihn fort. Er setzt sich zu Graógramán, denn er weiß, dass er sich in dieser Nacht nicht schlafen legen darf.
Plötzlich hört Bastian etwas. Die Tür zum Schlafzimmer hat sich geöffnet. Rötliches Licht fällt in die Höhle. Bastian steht auf. Ist die Tür für diesen Augenblick der Eingang zum Tausend-Türen-Tempel geworden?
Er dreht sich noch einmal nach Graógramán um. »Leb wohl, Graógramán, und danke für alles!«, sagt er leise. »Ich werde wiederkommen, ganz bestimmt, ich komme zurück.«

Übungen

XVI. DIE SILBERSTADT AMARGÁNTH

Rotes Licht ist im Raum. Es ist ein Zimmer mit sechs Ecken. In jeder zweiten Wand befindet sich eine Tür. Zwei liegen zur Rechten und zur Linken vor ihm. Die linke ist schwarz und die rechte weiß. Bastian öffnet die weiße. Im nächsten Zimmer ist das Licht gelb. Wieder zwei Türen, die nach links und rechts führen. Er geht durch die linke Tür.
Bastian kommt bei seiner Wanderung durch den Tausend-Türen-Tempel durch sehr viele Zimmer, vor immer neue Türen. Sein Wunsch hat ihn hineingeführt, aber er führt ihn nicht wieder hinaus. Er hat sich gewünscht, unter Menschen zu kommen. Aber was genau heißt das? Was wünscht er genau? Plötzlich weiß er es: Atréju!

Im nächsten Raum gibt es zwei Türen, eine aus Gras, die andere aus Metall. Bastian öffnet die aus Gras, weil er an das Gräserne Meer Atréjus denkt – und steht im Freien! Er befindet sich in einem hellen Frühlingswald. Bastian macht sich auf den Weg, ohne zu wissen wohin. Nach kurzer Wanderung sieht er eine Gruppe von Männern in Rüstungen[1]. Auch eine schöne Dame ist bei ihnen. Die Männer stehen auf und begrüßen ihn freundlich. Auch die Dame lächelt ihm zu.

»Ich bin Held Hynreck«, sagt der größte von ihnen, »diese Dame ist Prinzessin Oglamár. Diese Männer sind meine Freunde Hýkrion, Hýsbald und Hýdorn. Willkommen bei uns!«

Bastian setzt sich und isst mit ihnen. Jetzt erfährt er, dass ganz in der Nähe die große und herrliche Silberstadt Amargánth liegt. Dort soll es ein Turnier[2] geben. Von nah und fern kommen die mutigsten Helden. Aber nur die drei Besten dürfen nach dem Turnier an einer Suche teilnehmen. Deren Ziel ist es, eine bestimmte Person zu finden, die man nur den »Retter« nennt. Wenn das phantásische Reich jetzt wieder existiert, sagt man, dann ist er der Grund. Er irrt jedoch unerkannt durch die Lande und man will ihn suchen. Da das gefährlich werden kann, braucht man nun die tüchtigsten[3] und mutigsten Männer.

Das Turnier organisiert der Silbergreis[4] Quérquobad, aber nicht er wählt die besten, sondern ein junger Mann namens Atréju, der bei Silbergreis Quérquobad zu Gast ist. Dieser Atréju soll auch später die Suche führen.

Bastian sagt nichts. Der »Retter«, das ist er selbst, das ist klar. Aber es ist vielleicht besser, erst einmal nichts zu sagen.

Übrigens interessiert sich Held Hynreck viel mehr für Prinzessin Oglamár als für die ganze Geschichte. Und er will ihr beim Turnier beweisen, dass er der Beste ist.

---

1 **die Rüstung:** aus Metall, trägt man im Kampf, zum Schutz vor Angriffen
2 **das Turnier:** sportlicher Kampf
3 **tüchtig:** fleißig, stark, kräftig
4 **der Greis:** sehr alter Mann

Die drei anderen Herren sind auch starke Männer. Hýkrion, der einen wilden schwarzen Schnurrbart[1] trägt, will der stärkste Kämpfer Phantásiens sein. Hýsbald, der rothaarig ist, behauptet, der schnellste im Kampf zu sein. Und Hýdorn schließlich glaubt am zähsten[2] zu kämpfen.

Nach dem Essen reiten alle los. Die Herren bieten Bastian an, auf einer Mauleselin[3] zu reiten. Doch die ist langsam und sie bleiben immer weiter zurück. Dann bleibt die Eselin ganz stehen.

»Ich weiß, wer du bist, Herr«, sagt sie. »Wenn man nur ein halber Esel ist, wie ich, dann fühlt man so was. Ich heiße Jicha.«

»Behalte bitte für dich, was du weißt, Jicha«, bittet Bastian.

»Gern, Herr«, antwortet die Eselin und läuft dann weiter.

Am Waldrand bleiben sie bei den anderen stehen. Vor ihnen liegt die Stadt Amargánth im Sonnenschein. Sie befindet sich mitten in einem großen See. Alle Häuser stehen auf Schiffen und jedes Haus und jedes Schiff besteht aus Silber. Überall auf dem See fahren Boote, die Besucher von den Ufern in die Stadt bringen. Schnell reitet Held Hynreck mit den anderen an den Strand, wo ein Silberboot wartet.

In der Stadt suchen sie eine Unterkunft für sich und ihre Tiere. Bastian aber geht eigene Wege. Er hofft Atréju zu finden. Über Brücken kommt er von Schiff zu Schiff.

Die Wettkämpfe[4] finden im Zentrum der Stadt statt. Sie haben schon begonnen und auf einem großen, runden Platz kämpfen Hunderte von Männern. Um sie herum stehen die Zuschauer und brüllen. Aber Bastian will Atréju finden.

Auf der anderen Seite des Platzes steht ein Palast. Auf einem breiten Balkon sitzt ein sehr alter Mann mit silbernem Haar und Bart. Das muss Quérquobad, der Silbergreis sein. Neben ihm sitzt ein Junge, etwa in Bastians Alter. Er hat grüne Haut und langes, blauschwarzes Haar. Er blickt ruhig auf den Kampfplatz. Atréju!

---

1 **der Schnurrbart:** Bart über der Oberlippe
2 **zäh:** gibt nie auf, macht immer weiter
3 **die Mauleselin:** ein Esel macht »ii-aaa«, ein Maulesel hat einen Esel und ein Pferd als Eltern
4 **der Wettkampf:** sportliches Spiel, hier: Turnier

Da sieht Bastian hinter Atréju noch ein anderes, sehr großes Löwengesicht. Es ist Fuchur, der Glücksdrache.

Bastian weiß jetzt, was er wissen will. Nun hat er Zeit, sich die Kämpfe anzusehen. Es sind keine wirklichen Kämpfe um Leib und Leben[1], sondern jeder zeigt, was er kann. Nach und nach sind immer weniger Männer auf dem Platz. Nur die besten bleiben. Dann sieht Bastian Hýkrion den Starken, Hýsbald den Schnellen und Hýdorn den Zähen auf den Platz kommen. Held Hynreck und Prinzessin Oglamár sind nicht bei ihnen. Zu diesem Zeitpunkt befinden sich noch etwa hundert Wettkämpfer auf dem Platz. Das sind die Besten. Hýkrion, Hýsbald und Hýdorn kämpfen den ganzen Nachmittag. Dann erst ist klar, dass sie die allerbesten sind. Doch plötzlich kommt Hynreck auf den Kampfplatz.

»Meine Herren«, sagt Hynreck mit lauter Stimme. »Ich will mit euch allen dreien kämpfen. Oder habt ihr etwas dagegen?«

»Nein«, antworten die drei wie aus einem Mund.

Und dann gibt es einen wilden Kampf. Held Hynreck ist stärker als Hýkrion. Er ist schneller als Hýsbald und zäher als Hýdorn. Endlich steht der Silbergreis Quérquobad auf und fragt laut: »Gibt es noch jemanden, der gegen Held Hynreck kämpfen möchte?«

Da hört man einen Jungen antworten: »Ja, ich!«

Es ist Bastian. Er geht auf den Platz.

»Junger Freund«, sagt Held Hynreck, »gegen mich kannst du nicht gewinnen. Ich bitte dich, geh fort.«

»Nein«, antwortet Bastian.

»Glaubst du, du bist stärker als ich?«, fragt Held Hynreck. Er greift nach dem größten Stein auf dem Platz und hebt ihn langsam in die Höhe. Doch Bastian nimmt den ganzen Hynreck in den Arm und hebt ihn mit seinem Stein hoch. Einige Zuschauer lachen.

Das ist zu viel für Held Hynreck. Er greift sein großes Schwert und will gegen Bastian kämpfen. Im selben Augenblick fliegt das Schwert Sikánda wie ein Blitz in Bastians Hand und zerschneidet[2], Stück für Stück, Held Hynrecks Rüstung. Der schlägt um sich.

---
1 **Leib und Leben:** Körper und Leben, (Leben und Tod); alles, was ein Mensch hat
2 **zerschneiden:** kaputt schneiden

Dann schneidet Sikánda sein Schwert in kleine Scheiben. Die Zuschauer brüllen voll Begeisterung[1].
Plötzlich wird es still. Vor Bastian steht Atréju.
»Es wird keine Suche mehr geben«, ruft Atréju. »Der Retter hat uns schon gefunden.«
Bastian lächelt und sagt: »Du hast mich zur Kindlichen Kaiserin gebracht. Und ich danke dir dafür.«
Atréju gibt Bastian die Hand und so – Hand in Hand – gehen sie in den Palast, wo der Silbergreis Quérquobad und Fuchur, der Glücksdrache auf sie warten.

Übungen

XVII. EIN DRACHE FÜR HELD HYNRECK

Bastian und Atréju sitzen glücklich auf dem breiten Balkon des Palasts. Sie schweigen.
»Du hast gesagt, ich habe im Zauber-Spiegel-Tor anders ausgesehen als jetzt«, sagt Bastian schließlich.
»Ja, du warst sehr dick und blass.«
»Bist du sicher?«, fragt Bastian. Er lächelt ungläubig[2].
»Warst du es denn nicht?«
Bastian überlegt. »Ich weiß nicht. Ich war immer so wie jetzt.«
Dann schweigen sie wieder und gehen zuletzt schlafen.
Als sie am nächsten Morgen beim Frühstück sitzen, sagt Silbergreis Quérquobad: »Wir wollen für den Retter Phantásiens heute ein ganz besonderes Fest feiern. Wir Amargánther sind nach der Tradition die Geschichtenerzähler in Phantásien. Doch leider kennen wir nicht sehr viele Geschichten. Du bist in deiner Welt als Geschichtenerfinder bekannt, sagt man. Ist das wahr?«
»Ja«, sagt Bastian, »man hat sogar deshalb über mich gelacht.«

---
1 **die Begeisterung:** Enthusiasmus; sehr beeindruckt und erfreut sein
2 **ungläubig:** so, dass man etwas nicht glaubt

»Von uns kann das keiner und wir alle wünschen uns sehr, von dir einige neue Geschichten zu hören.«

Nach dem Frühstück gehen sie vor die Tür. Auf dem Platz stehen viele Menschen.

Quérquobad ruft laut: »Unser Retter will uns neue Geschichten schenken!«

Bastian ist aufgeregt. »Ich will euch eine Geschichte erzählen, in der alle anderen enthalten sind. Sie heißt ›Die Geschichte der Bibliothek von Amargánth‹ und ist ganz kurz.«

Er überlegt ein wenig und beginnt dann einfach: »In grauer Vorzeit[1] lebte in Amargánth eine Silbergreisin mit Namen Quana. Zu dieser Zeit gab es den See hier noch nicht und Amargánth war noch eine ganz gewöhnliche Stadt. Quana hatte einen Sohn namens Quin. Eines Tages sieht Quin in den Wäldern ein Einhorn[2], das einen leuchtenden Stein auf dem Horn trägt. Er tötet[3] das Tier und nimmt den Stein mit nach Hause. Doch damit kommt großes Unglück über die Stadt. Die Einwohner bekommen immer weniger und weniger Kinder. Sie werden immer weniger. Da schickt die Silbergreisin Quana einen Boten zum Südlichen Orakel. Der Bote soll um Rat bitten. Aber der Weg ist weit und als er zurückkommt, ist er alt. Die Silbergreisin Quana ist schon lange tot und ihr Sohn Quin ist auch schon alt. Es gibt nur noch ein einziges Kinderpaar, einen Jungen und ein Mädchen. Er heißt Aquil und sie Muqua.

Nun erklärt der Bote, was die Uyulála ihm gesagt hat: Amargánth muss zur schönsten Stadt Phantásiens gemacht werden, sonst ist es am Ende. Doch können die Amargánther das nur mit der Hilfe der Acharai tun, das sind die hässlichsten Wesen Phantásiens. Man nennt sie auch die ›Immerweiner‹, denn sie weinen pausenlos. Mit diesen Tränen waschen sie ein besonderes Silber aus der Erde. Aber die Acharai leben tief unter der Erde und sie zu finden ist schwer. Aquil und Muqua gelingt es schließlich, und die Acharai machen aus Amargánth die schönste Stadt Phantásiens. Erst bauen

---
[1] **in grauer Vorzeit:** vor sehr, sehr langer Zeit
[2] **das Einhorn:** mythisches Wesen, Pferd mit langem, spitzem Horn am Kopf; Monoceros
[3] **töten:** machen, dass ein Lebewesen nicht mehr lebt; umbringen

sie ein Silberschiff und darauf einen kleinen Palast und stellen es auf den Marktplatz der toten Stadt. Ihre Tränen fließen ins Tal und so entsteht der See, auf dem der erste Silberpalast schwimmt. Da wohnen Aquil und Muqua. Sie gründen eine Bibliothek, in der sie alle meine Geschichten gesammelt haben. Aber die Amargánther haben ihre Geschichte heute vergessen. Nur der Tränensee erinnert noch an die Begebenheit[1] aus grauer Vorzeit.«

Silbergreis Quérquobad lächelt: »Bastian Balthasar Bux«, sagt er, »nun wissen wir endlich, was das große Bauwerk[2] in unserer Stadt ist: die Bibliothek von Amargánth. Ich will sie dir zeigen!«

Ein langer Zug von Menschen bewegt sich durch die Stadt und hält schließlich vor einem sehr großen Bauwerk an. Es hat eine einzige große Tür, doch die ist verschlossen. In der Tür steckt ein Stein. Darüber steht: »Ich halte die Tür verschlossen, bis einer mich bei meinem Namen nennt. Ihm leuchte ich hundert Jahre lang. Doch wenn er meinen Namen noch ein zweites Mal sagt, vom Ende zum Anfang, sind hundert Jahre Leuchten vorbei in einem Augenblick.«

»Niemand von uns«, sagt Quérquobad, »hat bis jetzt den Namen des Steins gefunden. Kannst du ihn finden, Bastian Balthasar Bux?«

»Al'Tsahir!«, ruft Bastian.

Im gleichen Augenblick leuchtet der Stein hell auf und springt Bastian in die Hand. Die Tür öffnet sich.

Bastian geht mit Atréju und Quérquobad hinein. Der Stein leuchtet zu schwach. Die anderen Leute kommen auch. Es ist dunkel. Jemand bringt Lampen. In der Mitte des runden Saals steht auf dem Boden etwas geschrieben:

BIBLIOTHEK DER GESAMMELTEN WERKE
VON BASTIAN BALTHASAR BUX.

Die Amargánther haben schon Bücher in der Hand und lesen.

Als Bastian und Atréju aus der Bibliothek kommen, stehen die Herren Hýkrion, Hýsbald und Hýdorn vor ihnen.

»Herr Bastian«, sagt der rothaarige Hýsbald, »Held Hynreck ist völlig am Ende.«

---
1 **die Begebenheit:** das Ereignis
2 **das Bauwerk:** Haus oder Palast; etwas, was gebaut ist

Sie gehen zusammen zum Gasthaus und finden dort Held Hynreck.
Seine Augen sind rot.
»Oglamár«, sagt Held Hynreck, »ist gleich nach unserem Kampf weggeritten. Ich werde sie nicht mehr wiedersehen.«
Hýsbald meint leise zu Bastian: »Einer wie Held Hynreck braucht eigentlich nur ein Ungeheuer. Versteht Ihr?«
»Hört zu, Held Hynreck«, sagt Bastian, »Prinzessin Oglamár braucht schon jetzt Eure Hilfe. Jemand hat sie entführt[1].«
»Wer?«
»Ein schreckliches Ungeheuer. Der Drache Smärg.«
Hynreck springt auf. Seine Augen beginnen zu leuchten.
»Sagt mir, Herr, wo muss ich hin?«
»Sehr weit von hier«, beginnt Bastian, »gibt es ein Land, das heißt Morgul oder das Land des Kalten Feuers. Wie Ihr dieses Land finden könnt, kann ich Euch nicht sagen, Ihr müsst es selbst finden. Mitten in diesem Land steht die bleierne Burg Ragar. Der Herr der Burg heißt Smärg. Er entführt immer wieder eine schöne Jungfrau[2].«
In diesem Augenblick hört man Rufe auf der Straße: »Ein Drache! – Ein Ungeheuer! – Da seht doch, da oben am Himmel!«
Alle laufen auf die Straße hinaus. Am Himmel fliegt Smärg. Und er hält eine junge Dame fest.
Hynreck reitet auf seinem schwarzen Pferd hinter ihm her.
Atréju sagt leise zu Bastian: »Wir müssen auch aufbrechen. Du willst doch sicher irgendwann wieder in deine Welt zurückkehren, nicht wahr?«
»Oh«, sagt Bastian, »du hast recht, Atréju. Du hast ganz recht.«
Bastian holt Jicha, Atréju setzt sich auf Fuchurs Rücken und schon sind sie unterwegs.
Übrigens, Held Hynreck kommt wirklich nach Morgul. Er tötet Smärg, den Drachen und Oglamár will ihn gern heiraten. Aber jetzt will er nicht mehr.

Übungen

1 **jemanden entführen:** jemanden gegen seinen Willen wegbringen
2 **die Jungfrau:** Frau, die noch keinen Geschlechtsverkehr (Sex) hatte

XVIII. DIE ACHARAI

Die Pferde kommen gegen den Sturmwind nur langsam weiter. Viele Tage sind sie nun schon unterwegs. Das Wetter ist immer schlechter geworden. Bastian reitet auf der Maulesilin Jicha voran, hinter ihm, auf ihren Pferden, folgen Hýkrion der Starke, Hýsbald der Schnelle und Hýdorn der Zähe. Sie sind mitgekommen. Atréju fliegt auf Fuchurs Rücken zwischen und über den Wolken.

Sie alle, sogar der Glücksdrache, glauben auf der Suche nach dem Weg zu sein, der Bastian in seine Welt zurückführt. Auch Bastian glaubt es. Er weiß selbst nicht, dass er in Wirklichkeit gar nicht zurück will. Aber Phantásiens Geografie wird durch die Wünsche bestimmt[1], auch wenn einer sie nicht kennt. Und so führt Bastians Weg immer tiefer nach Phantásien hinein – Richtung Elfenbeinturm.

Gleich am zweiten Tag ihrer Reise finden sie im Wald die Spur[2] des Drachen Smärg. Auch Spuren von Held Hynrecks Pferd sind da.

Bastian denkt darüber nach, was er da mit diesem Drachen eigentlich erfunden hat. Was, wenn Smärg Held Hynreck umbringt? Und auch Prinzessin Oglamár ist jetzt in einer schrecklichen Lage. Bastian hat da eine große Gefahr geschaffen. Nein, sagt er sich, das will er nicht noch einmal tun. Er wird ab jetzt Gutes und Schönes erfinden.

Atréju hat von oben ein kleines Tal gesehen. »Da wird es nicht so windig sein. Vielleicht gibt es sogar mehrere Höhlen, wo wir schlafen können«, sagt er.

Nach etwa zwei Stunden erreichen sie das Tal und tatsächlich gibt es dort mehrere Höhlen. Sie wählen die größte und machen es sich darin gemütlich. Die drei Herren suchen in der Nähe trockenes Holz und machen ein schönes Feuer in der Höhle.

Nach einiger Zeit bittet Atréju Bastian: »Erzähle uns, wie du zu uns gekommen bist! Ich meine, aus deiner Welt, wie ist alles gekommen?«

---
1 **bestimmt:** kontrolliert, gelenkt
2 **die Spur:** was jemand hinter sich zurücklässt; z. B. Fußabdruck auf dem Boden

Und nun erzählt Bastian, wie er Herrn Koreander das Buch gestohlen hat und wie er auf dem Speicher des Schulhauses zu lesen begonnen hat. Aber als Atréju Genaueres über das Wie und Warum von Bastians Besuch bei Koreander wissen will, antwortet Bastian nicht. Er erinnert sich an vieles nicht mehr. Dass er Angst hatte, dass er dick und schwach und empfindlich war, hat er vergessen.

Atréju fragt ihn nach anderen Erinnerungen und Bastian erzählt von den Zeiten, als seine Mutter noch gelebt hat, vom Vater, von der Schule – was er noch weiß. Die drei Helden schlafen schon und Bastian erzählt immer noch. Er fragt sich, warum Atréju so großes Interesse gerade für das Alltägliche hat. Doch auch er findet auf einmal die alltäglichsten Dinge nicht mehr so alltäglich.

Schließlich hat er nichts mehr zu erzählen. Atréju sitzt da und denkt nach. Bastian legt sich hin. Da sagt Atréju leise: »Es liegt an AURYN. Das Amulett hat auf uns eine andere Wirkung als bei einem Menschenkind. Es gibt dir Macht. Aber es nimmt dir auch etwas: die Erinnerung an deine Welt.«

Bastian antwortet: »Graógramán hat mir gesagt, ich muss den Weg der Wünsche gehen, wenn ich meinen Wahren Willen finden soll. Da brauche ich das Amulett.«

»Ja«, sagt Atréju, »es gibt dir den Weg und nimmt dir gleichzeitig das Ziel.«

»Na«, meint Bastian, »Mondenkind weiß doch, was sie tut. Mach dir keine Gedanken, Atréju.«

Atréju erwidert: »Sagen wir, es ist gut, dass wir schon auf der Suche nach dem Weg in deine Welt sind. Das sind wir doch, nicht wahr?«

»Jaja«, antwortet Bastian schon halb im Schlaf.

Mitten in der Nacht wird er von einem Geräusch wach. Er kann sich nicht erklären, was es ist. Um ihn herum ist es ganz dunkel. Dann hört er Atréju flüstern: »Was ist das?«

»Ich weiß auch nicht«, flüstert er zurück.

Sie kriechen[1] zum Höhleneingang. Da ist es lauter. Es hört sich an wie ein leises Weinen vieler Wesen. Es hat nichts Menschliches und ist das Traurigste, was Bastian je gehört hat.
»Warte!«, sagt Bastian. Er zieht den leuchtenden Stein aus seiner Tasche. Das Licht ist schwach, doch sehen die Freunde genug.
Das ganze Tal ist voll von armlangen, dicken Würmern[2]. Sie haben auch etwas wie Arme und zwei kleine Augen voller Tränen. Sie selbst und das ganze Tal sind nass davon.
In dem Augenblick, als sie vom Licht Al'Tsahirs getroffen werden, stehen sie still. In ihrer Mitte steht ein Turm aus feinstem Silber – schöner als alles, was es in Amargánth gibt.
»Wehe[3]! Wehe!«, rufen sie. »Jetzt kann man unsere Hässlichkeit sehen! Wehe! Wehe, dass wir uns selbst sehen müssen! Bitte, nimm dieses Licht wieder von uns!«
Bastian steckt den Stein weg und steht auf.
»Ich bin Bastian Balthasar Bux«, sagt er, »und wer seid ihr?«
»Wir sind die Acharai! Die traurigsten Geschöpfe Phantásiens!«
»Dann seid ihr es«, fragt er, »die die schönste Stadt Phantásiens gebaut haben, Amargánth?«
»So ist es«, rufen die Wesen.
»Ich möchte mit euch reden«, sagt Bastian, »ich will euch helfen.«
Er selbst hat sie in seiner Geschichte über die Entstehung von Amargánth erfunden. Er will das Leben dieser Geschöpfe ändern.
»Woher kommt ihr so plötzlich?«, fragt Bastian ins Dunkel.
»Wir wohnen in den lichtlosen Tiefen der Erde«, antworten die Acharai wie ein Chor[4], »nur in den finstersten Nächten kommen wir nach oben. Hier bauen wir dann zusammen, was wir unten vorbereitet haben.«
»Wie kann ich euch helfen?«, fragt Bastian.
»Gib uns eine andere Gestalt!«, rufen die Acharai. »Du hast AURYN und du hast die Macht!«

---
1 **kriechen:** sich mit dem Körper über den Boden bewegen, wie eine Schlange
2 **der Wurm:** kleines Tier ohne Skelett, wie eine sehr kleine Schlange
3 »**Wehe!**«: (Ausruf) bei Unglück
4 **der Chor:** eine Gruppe von Sänger/-innen, die gemeinsam singen

»Das will ich tun, seid nur ganz ruhig, ihr armen Würmer!«, sagt Bastian. »Ich wünsche mir, dass ihr, wenn ihr morgen früh aufwacht, Schmetterlinge[1] seid. Ihr sollt nur noch lachen und Spaß haben! Von morgen an heißt ihr nicht mehr Acharai, die Immer-Weinenden, sondern Schlamuffen, die Immer-Lachenden!«
Niemand antwortet.
»Sie sind schon in Schlaf gefallen«, flüstert Atréju.
Die beiden Freunde gehen in die Höhle zurück.
Am nächsten Morgen wecken sie die Rufe der drei Helden. Sie stehen am Höhleneingang. Bastian geht zu ihnen.
Im ganzen Tal fliegen sehr komische kleine Gestalten herum. Alle haben bunte Flügel. Keines der Wesen gleicht dem anderen, ihre Gesichter sind bunt wie die von Clowns[2]. Der größte Teil von ihnen sitzt und hängt an dem Turm aus Silber. Sie springen hinauf und hinunter. Sie versuchen ihn kaputt zu machen.
»He, ihr da!«, schreit Bastian. »Hört sofort auf!«
Die Wesen hören auf und blicken alle zu ihm hinunter.
Einer ruft: »Der Dingsda[3] sagt, wir können das nicht machen.«
Ein anderer ruft: »He, Dingsda, wer bist du überhaupt?«
»Ich bin kein Dingsda!«, schreit Bastian. »Ich bin Bastian Balthasar Bux. Ich bin euer Wohltäter[4]!«
Daraufhin entsteht eine riesige Aufregung unter den Clown-Schmetterlingen. Schließlich fliegen alle um Bastian herum. »Habt ihr das gehört? Er ist unser Tolwäter! Er heißt Nastiban Baltebux! Quatsch, er heißt Saratät Buxiwohl! Nein, Baldrian Hix! Schlux! Babeltran Totwähler! Nix! Flax! Trix!«
Sie schreien und lachen und fliegen in die Höhe. Dann sind sie fort.
Bastian steht da und weiß kaum noch, wie er richtig heißt. Hat er hier wirklich etwas Gutes getan?

Übungen

---

[1] **der Schmetterling:** buntes Insekt, das fliegt
[2] **der Clown:** Spaßmacher, z. B. im Zirkus, oft mit bunt geschminktem Gesicht
[3] **Dingsda:** undefinierter, anonymer Typ; zeigt, dass der Name nicht wichtig ist
[4] **der Wohltäter:** jemand, der jemandem etwas Gutes getan hat

XIX. DIE WEGGEFÄHRTEN[1]

Still reitet Bastian vor den anderen. Weit vor ihnen fliegt Atréju auf Fuchur. Er hat Bastians Nachdenklichkeit bemerkt. »Was können wir für Bastian tun?«, fragt er den Glücksdrachen.
Fuchur erwidert: »Das ist ganz einfach: Wollte er nicht schon immer mal auf mir reiten?«
Kurze Zeit später treffen die Reiter Atréju und den Glücksdrachen auf ihrem Weg.
»Ich möchte gern eine Zeit lang auf Jicha reiten«, erklärt Atréju, »du kannst dann meinen alten Fuchur nehmen.«
Bastian wird rot vor Freude.
»Steig auf und halt dich fest!«, ruft der Glücksdrache.
Bastian springt von der Maulesilin auf Fuchurs Rücken. Der Drache steigt in die Lüfte. Das weiche Auf und Nieder des Drachen ist wie ein Lied, das mal zart ist, dann wieder machtvoll.
Gegen Mittag landen sie bei den anderen.
Beim Essen schlägt Atréju vor: »Bastian, erzählst du uns wieder ein bisschen von deiner Welt? Zum Beispiel von den Kindern aus deiner Schule.«
»Ich weiß nichts von Kindern«, erklärt Bastian.
»Aber zur Schule bist du gegangen«, hilft ihm Atréju.
»Ja«, sagt Bastian, »ich erinnere mich an eine Schule.«
Atréju und Fuchur wechseln einen Blick.
»Du hast schon wieder einen Teil deiner Erinnerung verloren«, erklärt Atréju. »Das ist wegen dieser Geschichte mit den Schlamuffen.«
»Bastian Balthasar Bux«, spricht jetzt der Glücksdrache, »mache von jetzt an keinen Gebrauch mehr von der Macht, die AURYN dir gibt. Sonst vergisst du auch noch deine letzten Erinnerungen und dann kommst du nie nach Hause zurück!«
»Eigentlich«, gesteht[2] Bastian nach einigem Überlegen, »wünsche ich mir gar nicht nach Hause zu kommen.«

---

1 **der Weggefährte:** Person, die den gleichen Weg geht; mit einem gemeinsam geht
2 **etwas gestehen:** sagen, dass man etwas Schlechtes getan hat oder denkt

»Aber das musst du!«, ruft Atréju. »Du musst zurück und versuchen, deine Welt in Ordnung zu bringen. Nur dann kommen wieder Menschen zu uns nach Phantásien. Sonst wird Phantásien früher oder später von Neuem zerstört!«

»Ich glaube«, sagt Bastian bitter, »ihr wollt mich loswerden[1].«

Atréju sieht Bastian an und schüttelt langsam den Kopf. »Ich dachte«, sagt er, »wir sind Freunde.«

»Ja«, ruft Bastian, »das sind wir auch und wir werden es immer sein. Verzeiht mir! Ich werde eurem Rat folgen.«

Dann geht die Reise weiter. Bastian reitet jetzt wieder auf Jicha. Gegen Abend finden sie die Ruine[2] einer Burg. Hier bleiben sie über Nacht.

Am nächsten Tag kommen sie durch einen Wald, der zu allen Seiten hin gleich aussieht. Und am Abend kommen sie wieder zur Burgruine der letzten Nacht.

»Das ist mir noch nie passiert!«, wundert sich Hýkrion.

Aber es ist so. Sie sind im Kreis gegangen.

Am frühen Morgen reiten sie wieder los, ziehen den ganzen Tag durch den Wald und halten sich ganz genau an eine Himmelsrichtung – am Abend stehen sie wieder vor der Burgruine.

»Ich werd verrückt!«, sagt Hýsbald.

Als Bastian die Mauleselin an diesem Abend an ihren Platz bringt, sagt sie: »Herr, ich weiß, warum wir nicht mehr weiterkommen. Du wünschst dich nicht mehr weiter, Herr.«

Bastian schaut sie an.

Sie fährt fort: »Weißt du eigentlich, in welcher Richtung wir bis jetzt gereist sind? Bis jetzt sind wir immer auf die Mitte Phantásiens zugegangen. Ich bin sicher, dass du zur Kindlichen Kaiserin willst.«

»Zu Mondenkind …«, flüstert Bastian, »ja, ich möchte sie wiedersehen. Sie wird mir sagen, was ich tun soll. Danke, Jicha!«

Am nächsten Morgen erklärt Bastian: »Ich weiß jetzt meinen nächsten Wunsch. Kommt mit, ich will es allen sagen!«

---

1 **jemanden loswerden wollen:** jemanden weg haben wollen, ohne jemanden sein wollen
2 **die Ruine:** Reste eines Gebäudes oder Bauwerks

Sie gehen zu den anderen. »Freunde«, sagt Bastian laut, »ich will zu der einzigen Person, die mir weiterhelfen kann. Das ist die Kindliche Kaiserin. Ab heute ist das Ziel unserer Reise der Elfenbeinturm.«
»Hurra!«, schreien die drei Herren wie aus einem Mund.
Aber Fuchur ist nicht begeistert: »Bastian Balthasar Bux! Weißt du denn nicht, dass man der Goldäugigen Herrin der Wünsche nur ein einziges Mal begegnet? Du wirst sie nicht wiedersehen!«
»Du und Atréju«, antwortet Bastian gereizt[1], »seht ja selbst, wohin euer Rat uns geführt hat. Jetzt entscheide ich.«
Etwas ruhiger fährt er fort: »Wer soll Mondenkind denn das Amulett zurückgeben, wenn nicht ich?«
Alle schweigen still.
»Ja«, sagt Atréju dann leise, »vielleicht ist es so, wie du sagst.«
Dann reiten sie los. Schon nach wenigen Stunden kommen sie aus dem Wald. Vor ihnen liegt eine weite Graslandschaft mit einem Fluss. Sie folgen seinem Lauf.
Atréju fliegt wieder auf Fuchur vor den Reitern. »Glaubst du, Fuchur«, fragt Atréju, »dass es der Kindlichen Kaiserin egal ist, was aus Bastian wird?«
»Wer weiß«, antwortet Fuchur, »sie macht keine Unterschiede.«
Atréju schweigt eine Weile, dann sagt er: »Er ist mein Freund, Fuchur. Wir müssen ihm helfen. Auch gegen den Willen der Kindlichen Kaiserin, wenn es sein muss. Aber wie?«
»Mit Glück«, antwortet der Drache.
An diesem Abend können sie in einer leeren Holzhütte übernachten. Beim Abendessen erzählt Atréju, was er von oben gesehen hat: »Da sind Verfolger[2] auf unserer Spur.«
»Holla!«, ruft Hýkrion. »Wie viele?«
»Hinter uns habe ich sieben gezählt«, antwortet Atréju, »aber es kommen noch mehr.«
Am nächsten Morgen sehen sie im Morgennebel undeutlich sieben Gestalten stehen. Doch als die sieben Bastian sehen, lassen sie sich

---
1 **gereizt:** irritiert, böse
2 **der Verfolger:** Person, die einer anderen folgt, wie die Polizei dem Kriminellen

auf das linke Knie nieder. »Gruß dem Retter Phantásiens, Bastian Balthasar Bux!«, rufen sie.

Sie sehen merkwürdig aus. Einer von ihnen hat einen ungewöhnlich langen Hals und einen Kopf mit vier Gesichtern, nach jeder Richtung eines. Einer ist ein Kopffüßler, denn sein Kopf wird von sehr langen und dünnen Beinen getragen. Ein blauer Dschinn ist auch da. Er ist lang und dünn und trägt einen riesigen Turban.

Der Vier-Gesichter-Mann sagt nun: »Herr, wir bitten dich um deine Hilfe. Darum laden wir dich ein, zu uns zu kommen und uns unsere Geschichte zu erzählen. Denn wir alle haben noch keine.«

Bastian schüttelt den Kopf. »Das kann ich jetzt noch nicht tun. Erst muss ich die Kindliche Kaiserin treffen. Darum helft mir, den Elfenbeinturm zu finden!«

Die Wesen beraten sich kurz und erklären dann, dass sie ihn gern begleiten. Wenig später sind alle zusammen auf dem Weg.

Den ganzen Tag über kommen neue Wesen zu ihnen. Bald sind es schon hundert.

Als die Nacht kommt, befinden sie sich in einem Wald aus baumgroßen Orchideen[1]. Dort wollen sie übernachten. Die Luft ist warm und es riecht nach den Orchideen und vielleicht auch nach Unheil[2].

Übungen

XX. DIE SEHENDE HAND

In der ersten Morgensonne setzt sich die Gruppe wieder in Bewegung. Bastian reitet allein. Der blaue Dschinn – er heißt Illuán – kommt zu ihm. »Herr«, sagt er, »dieser Wald gehört zum Zauberschloss Hórok, das auch die Sehende Hand genannt wird.

---

1 **die Orchidee:** teure Blume aus tropischen Ländern mit schöner Blüte
2 **das Unheil:** das Unglück

Dort wohnt die mächtigste[1] und schlimmste Magierin Phantásiens. Ihr Name ist Xayíde.«
Ein wenig später landen Fuchur und Atréju neben Bastian.
»Wir haben mitten im Wald ein Bauwerk gesehen«, sagt Atréju.
»Es sieht wie eine große Hand aus. Wir laufen genau darauf zu.«
Bastian berichtet, was er von Illuán weiß.
»Dann ändern wir besser die Richtung, oder?«, fragt Atréju.
»Nein«, sagt Bastian.
»Aber warum sollen wir mit Xayíde zusammentreffen?«
»Weil ich es möchte«, bestimmt Bastian.
Atréju schweigt und schaut ihn fragend an.
Nach dem Mittagessen schlägt Atréju Bastian vor: »Magst du nicht mit mir zusammen auf Fuchur fliegen?«
Sie steigen auf den Rücken des Glücksdrachen und fliegen los, Atréju vorne, Bastian hinter ihm.
»Bastian«, beginnt Atréju, »alles kommt von der Wirkung, die das Amulett auf dich hat. Ohne AURYNS Macht kannst du dich nicht weiterwünschen, aber mit AURYNS Macht erinnerst du dich immer weniger daran, wohin du willst. Bei mir war das anders. Mich hat es geführt und es hat mir nichts genommen. Und deshalb schlage ich dir vor, dass du mir AURYN gibst. Was hältst du davon?«
»Nichts!«, sagt Bastian kalt. »Ich bin der, der Phantásien gerettet hat, ich bin der, dem Mondenkind ihre Macht gegeben hat. Sie hat dir das Amulett abgenommen und hat es mir gegeben!«
Atréju antwortet nicht. In der Ferne sehen sie Schloss Hórok.
»Ich gehe nicht nach Hause zurück«, sagt Bastian plötzlich. »Ich werde für immer in Phantásien bleiben. Meine Erinnerung interessiert mich nicht. Und Phantásiens Zukunft? – Ich kann der Kindlichen Kaiserin tausend neue Namen geben!«
Als sie wieder bei den anderen landen, sind die Leute in großer Aufregung. Es hat einen Überfall[2] gegeben. Etwa fünfzig große Männer in schwarzen Rüstungen haben die Gruppe angegriffen. Die drei Herren Hýkrion, Hýsbald und Hýdorn haben gekämpft,

---
1 **mächtig:** stark; mit sehr großer Macht
2 **der Überfall:** plötzlicher Angriff mit Gewalt

aber die fremden Männer haben sie mitgenommen. Einer hat noch gerufen: »Dies ist die Botschaft von Xayíde an Bastian Balthasar Bux: Er darf ihr Sklave[1] sein. Wenn er das nicht will, so werden seine drei Freunde eines langsamen und schmerzhaften Todes sterben.«

»Ich werde nicht ihr Sklave, das ist wohl klar«, sagt Bastian laut zu den anderen. »Wir müssen schnell die drei Herren befreien. Da brauchen wir einen Plan!« Er überlegt. Dann erklärt er: »Ihr müsst mit der ganzen Gruppe in anderer Richtung weiterziehen. Ich werde mit Atréju und Fuchur zusammen die Gefangenen[2] befreien. Der Zug muss sich jetzt in Bewegung setzen. Wir warten hier die Dunkelheit ab. Geht nun!«

Die anderen machen sich auf den Weg. Bastian, Atréju und Fuchur warten auf die Nacht. Als es schließlich ganz dunkel ist, fliegt Fuchur mit den beiden los. Wenige Minuten später sehen sie das Schloss vor sich. Fuchur landet. Vor dem großen Eingangstor stehen zehn der Panzerriesen[3]. Und an jedem der Fenster steht noch einer. Die Form des Gebäudes ist tatsächlich die einer Riesenhand. Jeder der Finger ist ein Turm. Die Fenster haben die Form von Augen, deshalb heißt es die Sehende Hand.

»Wo können die Gefangenen sein?«, fragt Bastian ganz leise.

»Ich sehe es mir an!«, sagt Atréju und kriecht auf dem Bauch fort. Als er zurückkommt, flüstert er: »Ganz oben auf der Spitze des Mittelfingers ist ein kleines Dachfenster. Die Gefangenen sind wahrscheinlich im Keller, ich habe aus der Tiefe einen Schmerzensschrei gehört.«

Bastian denkt nach. Dann sagt er leise: »Ich werde versuchen zu dem Fenster zu kommen. Du und Fuchur, ihr müsst Krach machen. Dann kommen die schwarzen Riesen hierher. Aber kämpft nicht mit ihnen! Ich werde von hinten an der Hand nach oben klettern.«

---

1 **der Sklave:** Mensch, der nicht frei ist, sondern einem anderen gehört und für ihn arbeiten muss
2 **die Gefangenen:** Menschen, die sich nicht frei bewegen können; z. B. im Gefängnis sind
3 **der Panzer:** zum Schutz, wie eine Rüstung; Schildkröten haben einen Panzer

Atréju nickt. Bastian kriecht durch die Dunkelheit davon. Als er auf der Rückseite ist, hört er Atréju laut rufen: »Hallo! Kennt ihr Bastian Balthasar Bux, den Retter Phantásiens? Xayíde soll die Gefangenen freilassen! Dann lässt Bastian Balthasar Bux sie leben!«
Bastian hört die Panzerriesen in Richtung Atréju laufen. Jetzt kann er an der Wand nach oben klettern. Es ist nicht einfach, doch er kommt immer höher. Schließlich erreicht er das kleine Fenster und springt ins Turmzimmer. Kein Wächter[1] ist zu sehen. Er öffnet die Tür und sieht eine enge Treppe vor sich.
Bastian geht immer tiefer nach unten. Endlich kommt er ins Kellergeschoss. Dort findet er Hýkrion, Hýsbald und Hýdorn. Sie hängen an langen eisernen[2] Ketten in der Luft.
Mit viel Mühe kann Bastian die Ketten langsam bewegen. Dann stehen die drei Herren auf festem Boden und Bastian löst die Ketten. Aber jetzt hören sie Männer auf den Kellerstufen. Die Wächter! Sie kommen durch die Tür und gehen auf Bastian los. Sofort springt ihm Sikánda in die Hand. Wie ein Blitz fährt das Schwert zwischen die Panzerriesen und schneidet sie in Stücke.
Bastian und die drei Herren steigen nun die Treppen hinauf. Oben in der Eingangshalle steht Atréju mit Fuchur.
»Gut gemacht, ihr beiden!«, sagt Bastian. »Wo ist Xayíde?«
»Oben in ihrem Zaubersaal«, antwortet Atréju.
»Kommt mit!«, sagt Bastian.
Als sie in den großen Zaubersaal kommen, steht Xayíde auf. Sie ist viel größer als Bastian und sehr schön. Ihre Haare sind rot, ihr Gesicht ist blass wie ihre langen, schmalen Hände. Sie hat zwei verschiedene Augen, eines ist grün und eines rot.
»Mein Herr und mein Meister«, sagt sie. »Ich war töricht[3] und kannte deine Größe nicht. Töte mich, wenn du willst! Oder nimm mich als Sklavin!«
»Xayíde«, sagt Bastian, »willst du tun, was ich dir sage?«
»Ich will es, Herr und Meister«, antwortet Xayíde.

---
1 **der Wächter:** jemand, der aufpasst
2 **eisern:** aus Eisen = hartes Metall
3 **töricht:** dumm

»Gut«, erwidert Bastian, »du wirst mit mir zum Elfenbeinturm ziehen, wo ich mit Mondenkind zusammentreffen will.«
»Ja, Herr und Meister.«
»Wer weiß, wo unsere Reisegefährten jetzt sind?«, sagt Bastian.
»Nicht sehr weit von hier«, sagt Xayíde. »Aber wie wollen wir hinkommen? Soll ich zu Fuß gehen?«
»Fuchur wird uns tragen«, erklärt Bastian.
»Ich will diese Hexe[1] nicht tragen«, sagt Fuchur laut.
»Ich befehle es dir!«, erwidert Bastian.
Alle setzen sich auf den Rücken des Glücksdrachen, der sofort losfliegt.
Eine halbe Stunde später sehen sie unter sich viele Feuer und Fuchur landet. Sie sind wieder bei ihrer Gruppe. Fünf von den Panzerriesen sind ebenfalls da. Sie haben eine große Sänfte bei sich.
»Das sind meine Träger«, sagt Xayíde zu Bastian. »Ich habe sie gestern Abend hierher geschickt.«
»Verstehst du? Gestern Abend schon!«, bemerkt Atréju scharf. »Da hatte sie noch nicht mit dir gesprochen, wusste aber schon, was du heute tust!«
»Hör auf!«, schreit Bastian. »Lass mich in Ruhe!«
Er dreht Atréju den Rücken zu. Atréju steht noch eine Weile da. Bis jetzt waren sie Freunde. Doch Bastian sieht ihn nicht mehr an. Dann dreht auch Atréju sich langsam um und geht fort. Fuchur folgt ihm.
Xayíde lächelt. Doch es ist kein gutes Lächeln.

Übungen

---

[1] **die Hexe:** in Geschichten / Märchen: (alte) böse Frau / Zauberin / Magierin

XXI. DAS STERNENKLOSTER[1]

Mit jedem Tag kommen neue Weggefährten hinzu, so viele, dass man sie nicht mehr zählen kann. Bald schon ist ein ganzes Heer auf dem Weg zum Elfenbeinturm.
Unterwegs besucht Bastian Xayíde oft in ihrer Sänfte.
»Findest du es wirklich schöner«, fragt Xayíde einmal, »auf einer alten Mauleselin zu reiten, als von Wächtern getragen zu werden?«
»Jicha trägt mich gern«, sagt Bastian.
»Dann tust du es für sie?«, flüstert sie. »Du denkst viel zu viel an andere. Denke mehr an deine Vollkommenheit[2] als an die anderen.«
Vom nächsten Tag an reist Bastian in Xayídes Sänfte weiter.
Eines Tages hat sie ein Geschenk für ihn. Es ist ein schmaler Gürtel[3] aus klarem Glas.
»Es ist ein Gürtel, der unsichtbar[4] macht«, erklärt sie. »Doch du, Herr, musst ihm seinen Namen geben, dann gehört er dir.«
»Gürtel Gémmal«, sagt er und legt sich den Gürtel an. Schon kann er sich selbst nicht mehr sehen, seinen Körper nicht und nicht einmal seine Füße. Schnell nimmt er den Gürtel wieder ab.
»Nun bist du sicher«, meint Xayíde.
»Sicher?«, fragt Bastian. »Vor was oder wem denn?«
»Oh, die Gefahr liegt in dir selbst. Es ist weise[5], über den Dingen zu stehen, niemanden zu hassen und niemanden zu lieben. Aber dein Herz, Herr, ist nicht kühl – und so kann der dir schaden, den du trotz allem noch immer magst, Herr.«
»Atréju? Nein!«
Bastian springt aus der Sänfte. Er will allein sein und nachdenken. Weise sein bedeutet, über allen Dingen stehen, nichts und niemanden hassen oder lieben. Ja, so möchte er sein! Das ist sein

---
1 **das Kloster:** dort leben Menschen, die an Gott glauben und für ihn „arbeiten"
2 **die Vollkommenheit:** Perfektion; ganz und gar perfekt / gut / schön
3 **der Gürtel:** hält die Hose an ihrem Platz
4 **unsichtbar:** ist das, was man nicht sehen kann
5 **weise:** ist, wer klug ist, viel erfahren und daraus gelernt hat

letzter Wunsch. Der, der ihn zu seinem Wahren Willen führen wird.

Der Mond scheint. Die Stille ist vollkommen. Ganz hoch oben auf einer der höchsten Bergspitzen sieht Bastian jetzt etwas wie einen Kuppelbau[1].

Plötzlich landen sechs Eulen[2] vor ihm. Sie sind größer als er.

»Uns schickt Uschtu, die Mutter der Ahnung«, sagt eine der sechs Eulen, »wir kommen vom Sternenkloster Gigam. Es ist der Ort der Weisheit, wo die Mönche[3] der Erkenntnis wohnen.«

»Und wer ist Uschtu?«, fragt Bastian.

»Eine der drei Tief-Denkenden, die die Mönche lehren«, erklärt eine dritte Eule. »Die anderen beiden sind Schirkrie, der Vater der Schau[4] und Jisipu, der Sohn der Klugheit. Wir suchen den Großen Wissenden«, sagen alle sechs Eulen gleichzeitig. »Sein Name ist Bastian Balthasar Bux.«

»Ihr habt ihn schon gefunden«, antwortet Bastian. »Ich bin es.«

»Die drei Tief-Denkenden«, sagt die erste Eule, »bitten um deinen Besuch. Sie möchten deine Antwort auf eine große Frage hören.«

»Gut«, antwortet Bastian.

Zwei der Eulen greifen nun Bastian und fliegen mit ihm in die Luft. Oben im Sternenkloster Gigam wird er in den großen Lehrsaal geführt. Die drei Oberen, die Tief-Denkenden, stehen da und warten. Sie haben Tierköpfe. Uschtu, die Mutter der Ahnung, hat ein Eulengesicht. Schirkrie, der Vater der Schau, hat einen Adlerkopf[5]. Und Jisipu, der Sohn der Klugheit, hat den Kopf eines Fuchses[6].

Schirkrie beginnt: »Seit langer Zeit denken wir nach über das Rätsel unserer Welt. Aber Jisipu denkt anders, als Uschtu ahnt[7],

---

1 **die Kuppel:** wie ein halber Ball, oft auf Kathedralen oder Observatorien
2 **die Eule:** Vogel; Symbol der Weisheit und der Stadt Athen
3 **der Mönch:** Mensch (Mann), der im Kloster lebt; Frauen im Kloster nennt man Nonne(n)
4 **die Schau:** spirituelles Sehen; in die Zukunft sehen können
5 **der Adler:** Vogel, der im Gebirge lebt und sehr hoch fliegt
6 **der Fuchs:** Tier mit rotem Fell, das im Wald lebt; wie ein kleiner Hund
7 **ahnen:** nicht genau wissen, aber denken; vorhersehen, vermuten

und Uschtus ahnt anderes, als ich schaue[1]. Darum haben wir dich gerufen, uns zu lehren. Willst du unsere Bitte erfüllen?«
»Ich will es«, sagt Bastian.
»So höre unsere Frage: Was ist Phantásien?«
Bastian antwortet: »Phantásien ist DIE UNENDLICHE GESCHICHTE.«
»Gib uns Zeit, deine Antwort zu verstehen«, sagt Schirkrie. »Wir wollen uns morgen zur selben Stunde hier wieder treffen.«
Bastian wird in ein kleines Gästezimmer geführt.
In der nächsten Nacht kommen wieder alle zusammen.
Diesmal spricht Uschtu, die Mutter der Ahnung: »Wenn Phantásien DIE UNENDLICHE GESCHICHTE ist, wo steht sie geschrieben?«
Bastian antwortet: »In einem Buch.«
Wieder brauchen die Tief-Denkenden Zeit.
In der folgenden Nacht spricht Jisipu, der Sohn der Klugheit: »Wenn Phantásien in einem Buch steht, wo ist dann dieses Buch?«
»Auf dem Speicher eines Schulhauses« ist Bastians Antwort.
»Kannst du uns diese Wahrheit sehen lassen?«, fragt Jisipu.
Bastian erwidert: »Wir wollen uns morgen Nacht um dieselbe Stunde wieder treffen, oben auf den Dächern des Sternenklosters.«
In der folgenden Nacht stehen alle auf den Dächern des Klosters und blicken in den Nachthimmel.
Bastian nimmt den Stein Al'Tsahir aus seiner Tasche. Was hatte er an der Tür der Bibliothek von Amargánth gelesen? »Wenn er meinen Namen noch ein zweites Mal sagt, vom Ende zum Anfang, sind hundert Jahre Leuchten vorbei in einem Augenblick.«
Er hält den Stein hoch und ruft: »Rihast'la!«
Im gleichen Moment gibt es einen Blitz. Der ganze dunkle Weltraum[2] ist im Licht zu sehen. Und dieser Raum ist der Speicher des Schulhauses. Dann ist es dunkel. Von Al'Tsahir ist nichts übrig.
»Ich muss nun gehen«, erklärt Bastian.
Die drei Oberen haben noch Fragen, aber Bastian will fort. Die Eulen bringen ihn in die Zeltstadt zurück zu seinen Weggefährten.

---
1 **schauen:** (hier) auf spirituelle Weise sehen; in die Zukunft sehen können
2 **der Weltraum:** das Universum, der Kosmos

Bastian hat allerdings in dieser Nacht jede Erinnerung an seine Schule, an das Buch und den Speicher verloren. Und er fragt sich auch nicht mehr, wie er überhaupt nach Phantásien gekommen ist.

Übungen

XXII. DIE SCHLACHT[1] UM DEN ELFENBEINTURM

In Bastian liegen zwei Gefühle im Kampf. Er will mit Mondenkind zusammentreffen. Aber vielleicht will sie AURYN von ihm zurückhaben. Und er will das Amulett behalten! Vielleicht lässt sie es ihm. Wenn er das denkt, lässt er den Zug weiterziehen. Doch sofort kommen wieder Zweifel und er lässt Rast machen. Schließlich kommen sie doch an den Rand des berühmten Labyrinths. Bastian schickt einige Boten zu Mondenkind.

In der Nacht kommt einer zurück. »Die Kindliche Kaiserin ist nicht im Elfenbeinturm«, erklärt er, »und niemand weiß, wo sie ist.«

Bastian denkt nach. Das bedeutet, dass er ihr AURYN nicht zurückgeben muss. Doch ist er auch traurig, dass er sie nicht wiedersehen kann.

Er will sich mit jemandem aussprechen[2]: Atréju und Fuchur! Ihm kommt die Idee, unsichtbar zu ihnen zu gehen. So kann er bei ihnen sein, aber niemand wird denken, dass er sie braucht.

Bastian nimmt den Gürtel und legt ihn sich um. Er findet die beiden ganz am Rande des Lagers. Atréju sitzt da, den Glücksdrachen neben sich. Unsichtbar steht Bastian vor ihnen.

»Er darf AURYN nicht länger behalten«, sagt Atréju.

»Was willst du tun?«, hört Bastian Fuchur fragen.

»Ich muss es ihm stehlen«, erklärt Atréju, »noch in dieser Nacht.«

Bastian will nichts mehr hören. Er geht fort. Nun ist ihm alles egal. Er nimmt den Gürtel Gémmal ab und lässt die drei Herren

---
1 **die Schlacht:** großer Kampf
2 **sich aussprechen:** alles sagen, was man fühlt und denkt

Hýsbald, Hýkrion und Hýdorn rufen. »Nehmt sofort Atréju gefangen«, befiehlt er ihnen und sie machen sich auf den Weg. Dann geht Bastian zu Xayídes Wächtern. »Geht zu Fuchur! Nehmt ihn gefangen!«
»Das tun wir, Herr unserer Herrin«, erwidert einer der Wächter und die fünf schwarzen Riesen marschieren[1] los.
Bastian setzt sich unter einen Baum und wartet. Bald wird Atréju zu ihm geführt. Kurze Zeit später auch Fuchur. Bastian lässt das Lager wecken. Schnell stehen alle um ihn. Dann steht Bastian auf.
»Atréju«, sagt er, »du wolltest mir das Zeichen der Kindlichen Kaiserin stehlen. Fuchur wusste das. Ist das so?«
Atréju sieht Bastian lange an, dann nickt er.
Bastian kann erst nicht weitersprechen, aber dann sagt er: »Ich will euch euer Leben schenken. Aber geht fort von mir, so weit ihr könnt, und kommt mir nie wieder vor die Augen!«
Atréju steht lange Zeit da, ohne sich zu bewegen. Er schaut zu Bastian und will etwas sagen. Doch dann springt er auf Fuchurs Rücken und sie fliegen fort. Bastian steht auf und geht in sein Zelt.
»Nun bist du wirklich groß«, sagt eine sanfte[2] Stimme. Es ist Xayíde. Bastian antwortet nicht.
»Wann, mein Herr, willst du zum Elfenbeinturm ziehen?«
»Was soll ich dort noch, wenn Mondenkind nicht da ist?«
»Du kannst dort auf die Kindliche Kaiserin warten. Vielleicht kommt sie auch nicht. Dann wirst du der Kindliche Kaiser sein, mein Herr und Meister. Du hast Phantásien gerettet. Wolltest du nicht deinen Wahren Willen finden? Das ist er!«
Bastians Augen leuchten. Er als Kaiser! Noch am gleichen Morgen macht sich der Zug auf den Weg zum Elfenbeinturm.
Bastian ruft alle Minister und Ratgeber Mondenkinds zu sich und erklärt: »Ich, Bastian Balthasar Bux, nehme die Stelle der Kindlichen Kaiserin ein. In genau siebenundsiebzig Tagen werde ich mich selbst zum Kindlichen Kaiser krönen[3].«

---

1 **marschieren:** wie ein Soldat gehen
2 **sanft:** freundlich, ruhig
3 **jemanden krönen:** jemanden zum König erklären; (symbolisch) die Krone aufsetzen

Die Minister und Ratgeber wissen erst nicht, was sie tun sollen. Dann aber stimmen sie zu, denn Bastian trägt das Amulett der Kindlichen Kaiserin und dem müssen sie folgen.

Aus den Ländern Phantásiens kommen bald Boten, um Bastian die Treue ihres Volkes zu versprechen. Doch an manchen Orten gibt es heimliche oder ganz offene Rebellion gegen Bastian. Doch das ist ihm egal. Er wird Kindlicher Kaiser!

Und dann kommt der Tag. Bastians Thron, riesengroß und ganz aus Spiegeln, steht vor dem großen Tor. Überall stehen die schwarzen Wächter in ihren Panzern. Einige sitzen nun auf riesigen Pferden aus schwarzem Metall.

Bastian kommt aus dem Palast und setzt sich auf den Thron. Dann beginnt die Zeremonie. Alle Boten des phantásischen Reiches fallen vor dem Thron auf die Knie und küssen Bastians rechten Fuß.

Es sind viele. Zwei oder drei Stunden sind schon so vergangen, als eine plötzliche Unruhe durch die Reihe der Wartenden geht. Ein junger Faun[1] kommt und läuft bis zum Thron, wo er sich auf den Boden wirft.

»Krieg, o Herr!«, ruft er. »Atréju hat viele Aufrührer[2] gesammelt und ist unterwegs hierher. Du sollst AURYN ablegen, sagen sie.«

Es ist still. Bastian ist blass geworden.

Nun kommen auch die drei Herren Hýsbald, Hýkrion und Hýdorn gelaufen. »Endlich gibt's was für uns zu tun, Herr!«, rufen sie. Die meisten der vielen tausend Geschöpfe Phantásiens wollen und können auch kämpfen. Sie ziehen mit den drei Herren los.

Der Kampf dauert den ganzen Tag. Das Labyrinth wird zu einem blutigen Schlachtfeld. Als es dunkel wird, stehen die Aufrührer am Fuß des Elfenbeinturms. Nun schickt Xayíde ihre schwarzen Panzerriesen los. Der Kampf wird furchtbar.

---

1 **der Faun:** Waldgeist mit Hörnern
2 **der Aufrührer:** Rebell; jemand, der für Unruhe sorgt

Genaueres kann hier nicht erzählt werden. Jeder, der dort war, hat etwas anderes erlebt. So gibt es auch keine Erklärung dafür, wie Atréju und seine Leute den Elfenbeinturm erobert[1] haben.
Schon ist Nacht, eine sternenlose Nacht voller Rauch und Feuer. Bastian rennt im Feuerschein zwischen den Kämpfenden umher.
»Atréju!«, schreit er. »Atréju, stell dich zum Kampf! Wo bist du?«
Da sieht er Atréju, ein Schwert in der Hand. Aber sein Schwert Sikánda fliegt ihm nicht zu. Jetzt stehen sie voreinander, Auge in Auge. Sikánda regt sich noch immer nicht. Atréju setzt Bastian die Spitze seines Schwertes auf die Brust.
»Gib mir das Amulett«, sagt er. »Es ist besser für dich.«
»Du bist mein Geschöpf!«, schreit Bastian. »Alles habe ich ins Leben gerufen! Auch dich! Bitte mich um Verzeihung!«
»Du bist verrückt«, antwortet Atréju, »du hast alles nur durch die Kindliche Kaiserin! Gib mir AURYN!«
»Hol es dir!«, sagt Bastian. »Wenn du kannst.«
Bastian greift selbst nach Sikánda, doch im gleichen Augenblick geht das Licht des Schwertes aus.
Bastian schlägt um sich. Sikánda zerschneidet Atréjus Schwert und trifft seine Brust. Atréju blutet und fällt nach hinten. Da fährt ein weißer Blitz durch die Nacht und trägt ihn mit sich fort. Es ist Fuchur.
Die Rebellen fliehen. Bastian geht die Hauptstraße des Elfenbeinturms hinunter. Im verwüsteten[2] Gartenlabyrinth trifft er auf die letzten seiner Leute. Alle sehen auf den Elfenbeinturm in Flammen[3], der nach und nach einstürzt. Bastian zeigt mit seinem Schwert auf die Ruine und ruft: »Das war Atréjus Werk. Und dafür wird er bezahlen!« Er springt auf eines der Riesenpferde und schreit: »Folgt mir!« Im Galopp reitet er in die Nacht hinein.

Übungen

---

1 **erobern:** etwas (z. B. ein Gebäude / Land) zu seinem machen, einnehmen
2 **verwüstet:** alles ist kaputt
3 **die Flamme:** sichtbarer Effekt von Feuer

XXIII. DIE ALTE-KAISER-STADT

Bastian will Rache[1]! Atréju und er waren Freunde gewesen, aber Atréju hat einen Krieg gegen ihn begonnen, und deshalb ist er nicht Kindlicher Kaiser geworden!
Er reitet viele Stunden in rasendem Galopp. Plötzlich fragt er sich: »Warum hat Atréju ihm AURYN nicht mit Gewalt genommen? Mit dem Schwert auf seiner Brust?«
Der Morgen kommt und ganz plötzlich zerfällt[2] das Metallpferd unter ihm in seine Einzelteile. Bastian landet in einem Busch[3].
Er steht auf und geht ohne Ziel weiter. Gegen Mittag steht Bastian vor einem weiten Tal und sieht dort eine merkwürdige Stadt. Die Häuser stehen plan- und sinnlos da wie aus einem Riesensack gefallen. Es gibt keine Straßen und keine Plätze. Die Bewohner tragen Lampenschirme, Suppenschüsseln, Tüten oder Schachteln auf den Köpfen. Und um ihre Körper hängen Teppiche oder große Stücke Silberpapier.
Bastian spricht einen von ihnen an: »Wie heißt diese Stadt?«
Der Mann bleibt stehen, schaut in die Luft, dann geht er fort und lässt Bastian einfach stehen. Er scheint ihn vergessen zu haben.
»Es ist sinnlos, sie zu fragen«, hört er jemanden hinter sich kichern[4].
Bastian dreht sich um und sieht einen kleinen grauen Affen.
»Argax mein Name, sehr angenehm!«, sagt der Affe.
»Ich heiße Bastian Balthasar Bux. Und wie heißt diese Stadt?«
»Die Alte-Kaiser-Stadt«, erklärt Argax. »Alle, die du hier siehst, waren einmal Kaiser von Phantásien oder sie wollten es werden.«
Bastian blickt sich um.
»Kleine Stadtbesichtigung, Herr? In deinem neuen Wohnort?«
»Nein«, sagt Bastian, »was redest du da?«
»Komm nur«, flüstert der Affe, »kostet nichts.«

---

1 **die Rache:** einer hat mir etwas Böses getan, also tue ich ihm auch etwas Böses
2 **zerfallen:** in seine Teile auseinanderfallen
3 **der Busch:** Pflanze mit vielen Blättern, kleiner als ein Baum
4 **kichern:** leise und mit hoher Stimme lachen: »hi hi hi«

Bastian kommt mit. Er sieht die Leute an. Sie reden nicht miteinander, ja, sie scheinen sich nicht einmal wahrzunehmen.
»Sie sind wie du«, kichert Argax ihm ins Ohr.
Mitten auf seinem Weg sitzt eine Frau, die mit einer Nadel Erbsen[1] von einem Teller zu nehmen versucht.
»Alles Menschen, die nicht in ihre Welt zurückgefunden haben«, erklärt Argax. »Erst wollten sie nicht mehr, und jetzt, sagen wir mal, können sie nicht mehr.«
»Warum können sie nicht mehr?«, fragt Bastian.
»Sie müssen es sich wünschen. Aber sie wünschen sich nichts mehr. Sie haben ihren letzten Wunsch zu irgendwas anderem verwendet.«
»Ihren letzten Wunsch?«, fragt Bastian. »Kann man denn nicht so lang weiterwünschen, wie man will?«
»Wünschen kannst du nur, wenn du dich an deine Welt erinnerst.«
Bastian bekommt Angst. Er läuft schneller. Der Affe sitzt fest auf seiner Schulter.
»Und alle hier«, fragt Bastian atemlos, »waren einmal Kaiser von Phantásien oder wollten es werden?«
»Klar«, sagt Argax, »und wenn einer sich zum Kaiser macht, dann verschwindet die Erinnerung ganz von selbst. Aber das Wichtigste kommt erst noch. Geh weiter! Geh weiter!«
Bastian sieht einen Jungen, der mit einem schweren Hammer Nägel in Strümpfe schlägt.
»Schau dorthin!«, hört Bastian Argax' kichernde Stimme.
Da steht eine große Gruppe von Leuten. Sie reden nicht. Auf dem Boden liegen viele große Würfel[2] und auf den sechs Seiten jedes Würfels stehen Buchstaben. Immer wieder werfen die Leute diese Würfel und starren[3] dann lange darauf.
Argax flüstert Bastian ins Ohr: »Sie haben die Sprache verloren. Darum habe ich dieses Spiel für sie erfunden. Alle Geschichten der Welt bestehen im Grunde nur aus sechsundzwanzig Buchstaben.

---

1 **die Erbse:** eine Gemüsesorte, klein, grün und rund
2 **der Würfel:** hat sechs quadratische Seiten, meistens mit Zahlen
3 **starren:** ohne Bewegung ansehen, fixieren

Aus den Buchstaben werden Wörter gebildet und aus den Wörtern Geschichten. Da schau, was steht dort?«

Bastian liest:

H G I K L O P F M W E Y V X Q

Y X C V B N M A S D F G H J K L Ö Ä

Q W E R T Z U I O P Ü

»Ja«, kichert Argax, »wenn man es sehr lang spielt, dann gibt es manchmal Wörter: ›Spinatkrank‹ zum Beispiel oder ›Bürstenwürste‹ oder ›Datumsdose‹. Und wenn man es ewig spielt, dann müssen dabei alle Geschichten, die möglich sind, entstehen, sogar diese Geschichte, in der wir uns gerade unterhalten.«

»Und als Kaiser? Wäre ich dann heute auch schon hier?«, fragt Bastian vorsichtig.

»Oder in einer Woche«, antwortet der Affe. »Du brauchst AURYN, wenn du den Rückweg finden willst. Du musst einen Wunsch finden, der dich zurückbringt in deine Welt. Du hast nicht mehr viele.«

»Danke, Argax!«, sagt Bastian.

»Auf Wiedersehen, Bastian Balthasar Bux!«, kichert der Affe und mit einem Sprung ist er weg.

Bastian macht sich auf den Weg. Er läuft, bis die Nacht kommt. Er fällt unter einen Busch und schläft ein. Im Traum sieht er immer wieder das gleiche Bild: Atréju mit der blutenden Wunde auf der Brust. Er steht vor ihm und sagt kein Wort.

Ein Donnerschlag weckt Bastian. Es gibt ein Gewitter. Ein Blitz fährt direkt vor ihm in einen Baum. Er geht in die Knie. Nun gräbt[1] er mit beiden Händen ein Loch in die Erde und legt das Schwert Sikánda hinein. »Sikánda«, sagt er leise, »ich nehme für immer Abschied von dir. Nie wieder soll einer dich gegen einen Freund ziehen.« Dann macht er das Loch wieder zu.

Bastian geht durch die Dunkelheit fort. Ohne dass er es bemerkt, entsteht in ihm ein neuer Wunsch. Er wünscht sich Teil einer

---

1 **graben:** Erde wegnehmen, so dass ein Loch / ein Gang entsteht

Gruppe zu sein, nicht als Herr oder als ein Besonderer, sondern nur als einer unter anderen.

Da kommt er eines Tages an eine Felsenküste. Vor sich sieht er ein weißes Meer. Es ist das Nebelmeer! Bastian wandert an der Küste entlang. Gegen Mittag sieht er eine kleine Stadt. Am Ufer der Stadt liegen Hunderte von Schiffen.

»Morgens«, hört er eine Stimme neben sich, »fahren wir hinaus!« Neben Bastian stehen drei Männer, die ihn freundlich anblicken. Sie erklären, dass die Stadt den Namen Yskál trägt und ihre Einwohner Yskálnari heißen. Das Nebelmeer, erfährt Bastian beim Mittagessen, ist ein riesiger Ozean. Nur mit den Schiffen der Yskálnari kommt man auf die andere Seite.

Bastian darf als Schiffsjunge mit auf See gehen. Das Schiff fährt am nächsten Morgen langsam auf das Nebelmeer hinaus. Auf der Mitte des Decks[1] befindet sich eine kreisrunde, etwas höhere Fläche, wie eine Bühne. Während der ganzen Fahrt stehen zwei der Nebelschiffer dort oben. Sie legen einander die Arme um die Schultern und blicken in Fahrtrichtung. Die Männer bewegen sich sehr langsam in einer Art Tanz. Dazu singen sie immer dieselbe Melodie.

Einer der Yskálnari erklärt Bastian, dass die Männer das Schiff mit ihrer Vorstellungskraft[2] in Bewegung setzen.

Nach und nach wird er einer von ihnen. Es ist eine ganz seltsame Harmonie, wenn er während des Tanzes fühlt, wie seine eigene Vorstellungskraft sich mit der der anderen verbindet.

Doch tief in seinem Herzen lebt noch ein anderer Wunsch als der, nicht mehr allein zu sein. Ihm fehlt etwas. Aber was?

Das wird Bastian erst klar, als einige Zeit später eine riesige Nebelkrähe[3] vom Himmel zu ihnen nach unten fliegt und einen der Männer fortträgt. Die Yskálnari machen mit Gesang und Tanz einfach weiter. Sie sind nicht traurig und sagen nichts. Der Einzelne zählt bei ihnen nichts. Aber Bastian will ein Einzelner

---
1 **das Deck:** der Boden / die Fläche auf der Oberseite eines Schiffes
2 **die Vorstellungskraft:** Phantasie; sich etwas vorstellen können
3 **die Krähe:** schwarzer Vogel, macht laut »kräh«

sein, ein Jemand. Er will als der geliebt werden, der er ist. In dieser Gemeinschaft der Yskálnari gibt es Harmonie, aber keine Liebe. Von da an tanzt er nicht mehr mit den Nebelschiffern.
Und endlich sind sie am anderen Ufer. Bastian bedankt sich bei den Yskálnari und geht an Land. Es ist ein Land voller Rosen – Wälder von Rosen in allen Farben.

Übungen

XXIV. DAME AIUÓLA

Xayídes Ende ist schnell erzählt: Als Bastian in die Stadt Yskál kommt, erreicht Xayíde mit ihren schwarzen Riesen die Stelle, wo das Metallpferd unter Bastian in Stücke zerfallen ist. Wenig später sieht sie Bastians Spuren, die in die Alte-Kaiser-Stadt führen. Jetzt weiß sie, dass er für ihre Pläne verloren ist. Sie befiehlt ihren Panzerriesen stehen zu bleiben, doch die marschieren weiter. Da wird sie böse, springt aus ihrer Sänfte und stellt sich direkt vor sie. Die gepanzerten Riesen aber marschieren weiter und unter ihren Füßen haucht Xayíde ihr Leben aus[1]. Dann bleibt der ganze lange Zug plötzlich stehen.
Später kommen Hýsbald, Hýdorn und Hýkrion mit den Resten des Zuges nach und sehen, was hier geschehen ist. Sie schicken alle ihre Weggefährten nach Hause. Die drei erleben noch viele Abenteuer. Doch die sollen ein anderes Mal erzählt werden.
Bastian sieht auf seinem Weg durch den Rosengarten einen Wegweiser[2], »Zum Änderhaus« steht darauf.
Ganz am Ende des Wegs steht ein Haus. Es sieht wie ein Ball mit kleinen Bäuchen aus. Er sieht, wie an einer Ecke ein kleiner Turm und über der Tür ein winziger Balkon aus dem Haus wachsen. Jetzt hört er eine warme, schöne Frauenstimme singen:

---
1 **sein Leben aushauchen:** (poetisch) sterben
2 **der Wegweiser:** zeigt dir den Weg zu einem Ziel

»Warst du gut oder warst du schlecht, wie du bist, so bist du recht.«
Bastian klopft an die Tür und die Stimme ruft: »Herein! Herein!«
Er öffnet die Tür und sieht ein gemütliches Zimmer. In der Mitte steht ein runder Tisch voll von fremden Früchten. Am Tisch sitzt eine Frau, die selbst ein bisschen wie ein Apfel aussieht, rund und gesund. Ihr Kleid ist aus Blüten und Blättern. Bastian möchte zu ihr laufen und »Mama! Mama!« rufen. Aber er tut es nicht. Seine Mama ist tot und sicher nicht hier in Phantásien.
»Setz dich doch!«, sagt die Frau. »Iss erst einmal. Ich erzähle dir inzwischen eine kleine Geschichte.«
Bastian isst eine Frucht. So etwas Leckeres hat er noch nie gegessen.
»Vor langer, langer Zeit«, erzählt die Frau, »war unsere Kindliche Kaiserin todkrank, denn sie brauchte einen neuen Namen, und den konnte ihr nur ein Menschenkind geben. Da kam eines Tages wirklich ein Mensch – und der gab der Kindlichen Kaiserin den Namen Mondenkind und schuf Phantásien neu. Alle seine Wünsche wurden hier Wirklichkeit, bis er seinen Wahren Willen gefunden hatte. Von da an machte er eine lange Reise, von einem Wunsch zum anderen. Und jede Erfüllung führte ihn zu einem neuen Wunsch. Aber mit jeder Wunscherfüllung vergaß er einen Teil der Erinnerung an seine Welt. So wünschte er sich weiter und weiter. Jetzt besteht die Gefahr, dass er auch noch seine letzten Erinnerungen verliert. Dann kann er nie wieder in seine Welt zurückkehren. Also führt ihn sein Weg ins Änderhaus. Hier soll er seinen Wahren Willen finden. Aber ich habe vergessen zu sagen, wie der kleine Bub heißt. Sein Name ist Bastian Balthasar Bux.«
Bastian sagt leise: »So heiße ich.«
»Ich bin Dame Aiuóla.« Nach einer kleinen Stille meint sie: »Mir scheint, es möchte gern, dass wir ins Nebenzimmer umziehen.«
»Wer?«, fragt Bastian und schaut sich um.
»Das Änderhaus«, erklärt Dame Aiuóla.
Tatsächlich haben sich die Wände von drei Seiten nahe an den Tisch bewegt. Auf der vierten Seite befindet sich eine offene Tür. Dame Aiuóla geht durch die Tür und Bastian folgt ihr.

Der Raum ist ein Esszimmer, das Bastian irgendwie kennt. Aber alle Möbel, auch der Tisch und die Stühle, sind viel zu groß für ihn. Dame Aiuóla setzt sich auf einen Stuhl an den Tisch, aber Bastian kommt nicht auf den anderen Stuhl. Sie muss ihm helfen.
»Musst du oft so in ein neues Zimmer?«, fragt Bastian.
»Oft nicht«, antwortet Dame Aiuóla, »höchstens drei- bis viermal pro Tag. Im Grunde ist es ein sehr liebes Haus.«
Inzwischen wird es Abend und dunkel im Zimmer. Bastian wird müde. Er hört noch, wie sie aufsteht und ihm einen Kuss auf die Stirn[1] gibt. Dann trägt sie ihn in ein weiches Bett.
Als Bastian am nächsten Morgen erwacht, fühlt er sich so wohl wie nie. Nach dem Frühstück geht er an die frische Luft. Im weiten Rosengarten um das Änderhaus ist Sommer. Bastian hört den Vögeln zu und spielt mit den Eidechsen[2]. Manchmal legt er sich unter einen Busch und lässt die Zeit fließen wie einen Bach.
So vergehen[3] Tage und aus den Tagen werden Wochen.
Abends haben die Dame und er oft lange Gespräche miteinander. Er erzählt ihr von allem, was er in Phantásien erlebt hat. »Ich habe alles falsch gemacht«, sagt er einmal. »Mondenkind hat mir so viel geschenkt und ich ...«
»Du bist den Weg der Wünsche gegangen«, antwortet Dame Aiuóla, »und der ist nie gerade. Und weißt du, warum er es nicht ist? Du musst dahin, wo das Wasser des Lebens entspringt[4]. Und das ist der geheimste Ort Phantásiens. Dorthin gibt es keinen einfachen Weg.«
An diesem Abend reden sie nicht mehr weiter.
Erst am nächsten Tag fragt Bastian: »Weißt du, wo ich das Wasser des Lebens finden kann?«
»An der Grenze Phantásiens«, sagt Dame Aiuóla.
»Aber Phantásien hat keine Grenzen«, antwortet er.
»Doch, aber sie liegen nicht außen, sondern innen.«

---

1 **die Stirn:** Teil des Kopfes, über den Augen
2 **die Eidechse:** kleines Reptil mit langem Schwanz, das oft in der Sonne liegt
3 **vergehen:** weggehen, vorbei gehen
4 **entspringen:** ans Tageslicht kommen; starten / beginnen

»Und da soll ich hinfinden?«, fragt Bastian traurig.
»Es gibt nur einen Wunsch, mit dem du dort hinfindest: mit dem letzten.«
Bastian erschrickt. »Dame Aiuóla – für alle meine Wünsche, die sich durch AURYN erfüllt haben, habe ich etwas vergessen. Ist das hier auch so?«
Sie nickt langsam.
»Muss es denn so sein, dass ich alles verliere?«
»Nichts geht verloren«, sagt sie, »alles verwandelt[1] sich.«
Von diesem Tag an ändert sich tatsächlich etwas, auch wenn Bastian selbst noch nichts davon bemerkt. Er findet es immer noch schön, bei Dame Aiuóla wie ein Kind zu leben. Aber langsam hat er von allem genug. Und so erwacht in ihm eine ganz neue Sehnsucht[2] – die Sehnsucht selbst lieben zu können. Traurig bemerkt er, dass er es nicht kann. Doch der Wunsch danach wird stärker und stärker. Eines Abends spricht er darüber mit Dame Aiuóla. Sie hört ihm zu und schweigt dann lange.
»Jetzt hast du deinen letzten Wunsch gefunden«, sagt sie endlich.
»Dein Wahrer Wille ist es, zu lieben. Doch das kannst du erst, wenn du vom Wasser des Lebens getrunken hast.«
Bastian ist verwirrt. Er denkt nach. Dann fragt er leise: »Willst du mir jetzt sagen, was ich für meinen letzten Wunsch vergessen musste? Ist jetzt der Augenblick gekommen?«
Sie nickt. »Du musstest Vater und Mutter vergessen. Jetzt hast du nichts mehr als deinen Namen.«
»Vater und Mutter?«, fragt er langsam. Aber die Worte bedeuten ihm nichts mehr. Er kann sich nicht erinnern.
»Was soll ich jetzt tun?«, fragt er Dame Aiuóla.
»Du musst mich verlassen«, antwortet sie. »Dein letzter Wunsch wird dich führen. Verliere ihn nicht. Geh gleich morgen früh.«
Als Bastian am nächsten Tag herunterkommt, sieht er, dass Dame Aiuóla noch immer auf demselben Platz sitzt. Aber alle Blätter und

---

1 **sich verwandeln:** anders werden; sich stark verändern
2 **die Sehnsucht:** der starke Wunsch nach etwas, was fern ist

99

Blüten sind von ihr abgefallen[1]. Sie sieht aus wie ein schwarzer, toter Baum.

»Danke, danke für alles!«, sagt Bastian leise.

Draußen ist es über Nacht Winter geworden. Der Schnee liegt knietief. Es ist bitterkalt und sehr still.

Übungen

XXV. DAS BERGWERK[2] DER BILDER

Yor, der Blinde Bergmann, steht vor seiner Hütte im Schnee. Alles an ihm, seine Kleidung, sein Gesicht, sein Haar ist grau wie Stein. Als Bastian zu ihm kommt, sagt er: »Guten Tag. Ich habe mich verirrt. Ich suche nach der Quelle[3], wo das Wasser des Lebens entspringt.«

»Du hast dich nicht verirrt«, flüstert der Bergmann. »Wer bist du?«

»Ich heiße Bastian Balthasar Bux.«

»Ah, deinen Namen weißt du also noch. Ich bin Yor, den man den Blinden Bergmann nennt. Aber im Bergwerk kann ich sehen.«

»Was ist das für ein Bergwerk?«

»Minroud, das Bergwerk der Bilder«, erklärt Yor. »Es ist für Menschen, die den Weg zum Wasser des Lebens nicht finden.«

Yor packt Bastian an der Schulter und flüstert ihm ins Ohr: »Aber kein Wort dort, verstanden? Jedes Geräusch kann alles zerstören.«

Bastian nickt und sie gehen hinter die Hütte. Ein Schacht[4] führt hier tief in die Erde. Sie gehen daran vorbei in die Schneefläche hinaus. Und nun sieht Bastian die Bilder. Es sind sehr dünne Tafeln aus Glas, durchsichtig[5] und farbig und in allen Größen und Formen,

---

1 **abfallen:** sich von etwas lösen und herunterfallen
2 **das Bergwerk:** unter der Erde, man sucht dort z. B. Kohle (C) oder Gold (Au)
3 **die Quelle:** Stelle, an der Wasser aus der Erde kommt / ein Fluss beginnt
4 **der Schacht:** senkrechter Tunnel in der Erde
5 **durchsichtig:** so, dass man hindurchsehen kann; klar wie Fensterglas

eckige und runde, manche groß wie Kirchenfenster, andere ganz klein. Sie liegen in Reihen bis zum Horizont im Schnee.
Was diese Bilder zeigen, ist rätselhaft. Da gibt es maskierte[1] Gestalten, oder Esel in Uniform, es gibt Uhren, die wie weicher Käse wegfließen. Aber es gibt auch ganz gewöhnliche Bilder, Männer bei der Feldarbeit und Frauen, die auf einem Balkon sitzen. Da sind Bilder von Totentänzen[2] und lustige Bilder von jungen Damen auf einem Krokodil oder von einer Nase, die herumspaziert.
Bastian geht viele Stunden neben Yor an den Reihen der Tafeln vorbei. Es wird dunkel und sie gehen zur Hütte zurück. Yor fragt mit leiser Stimme: »War eines dabei, das du erkannt hast?«
»Nein«, erwidert Bastian. »Warum? Was sind das für Bilder?«
»Es sind die vergessenen Träume aus der Menschenwelt«, erklärt Yor. »Ein Traum kann nicht zu nichts werden, wenn er einmal geträumt wurde. Aber wenn der Mensch, der ihn geträumt hat, ihn nicht behält – wo bleibt er dann? Hier bei uns in Phantásien, dort unten, tief unter unserer Erde.«
»Sind auch meine da?«, fragt Bastian. »Und ich muss sie finden?«
»Wenigstens einen. Einer genügt«, antwortet Yor. »Du möchtest lieben können. Lieben – das sagt sich so! Das Wasser des Lebens wird dich fragen: Wen? Lieben kann man nämlich nicht einfach so, irgendwie und allgemein. Aber du hast alles vergessen außer deinem Namen. Und wenn du nicht antworten kannst, wirst du nicht trinken dürfen. Deshalb kann dir nur noch ein vergessener Traum helfen, den du wiederfindest. Aber dafür wirst du das Letzte vergessen müssen, was du noch hast: dich selbst.«
Als Bastian am nächsten Morgen erwacht, ist Yor schon fort. Wahrscheinlich ist er im Schacht. Bastian geht hinaus und wandert durch den Schnee an den Bildern vorbei. Eines nach dem anderen sieht er aufmerksam an. Aber sie sind ihm alle ganz egal.

---

1 **maskiert:** mit einer Maske; trägt man über dem Gesicht, z. B. Ärzte zum Schutz; an Karneval zum Spaß
2 **der Totentanz:** (Darstellung aus dem 14. Jh.) der Tod (in Gestalt, z. B. als Skelett) tanzt mit Menschen; zeigt die Macht des Todes über das Leben

Gegen Abend sieht er Yor aus dem Schacht des Bergwerks aufsteigen. Auf dem Rücken trägt er einige große Glastafeln. Bastian begleitet ihn schweigend bis ans Ende einer Reihe im weichen Schnee. Keines der Bilder sagt Bastian irgendetwas.

An den folgenden Tagen sucht er weiter.

»Jetzt habe ich alle Bilder gesehen«, sagt Bastian eines Abends, »für mich ist keines dabei.«

»Schlimm«, antwortet Yor. »Dann musst du selbst in den Schacht.«

»Aber ich kann in der Finsternis nicht sehen«, meint Bastian.

»Dann musst du eben im Dunkeln arbeiten.«

Am nächsten Morgen folgt Bastian dem Bergmann zu dem Schacht. Tiefer und tiefer geht es hinunter. An diesem ersten Tag zeigt der Bergmann ihm schweigend, nur mit den Händen, wie er die dünnen Glasscheiben hochheben kann.

Nach und nach lernt Bastian, sich in der Dunkelheit zurechtzufinden[1]. Eines Tages erklärt Yor ihm wortlos, nur mit seinen Händen, dass er von nun an ohne ihn arbeiten muss. Bastian ist jetzt allein in den dunklen Tiefen Phantásiens und sucht geduldig nach einem vergessenen Traum.

Abend für Abend bringt er nach oben ins letzte Tageslicht, was er tief unter der Erde gefunden hat. Und Abend für Abend ist seine Arbeit umsonst gewesen.

Wie lange diese harte Zeit dauert, lässt sich nicht sagen. Eines Abends aber bringt Bastian ein Bild mit, das ihn aufregt.

Auf der zarten Glastafel – sie ist nicht sehr groß, kann er sehr klar und deutlich einen Mann sehen. Er steht traurig da. Der Mann ist in einem Eiswürfel[2] gefangen. Plötzlich fühlt Bastian eine große Sehnsucht nach diesem Mann, den er nicht kennt. Das Herz tut ihm weh. Es ist nicht groß genug für eine so riesige Sehnsucht. Und er vergisst das Letzte, was er noch hat: seinen eigenen Namen.

In dieser Nacht kann der Junge ohne Namen nicht einschlafen. Er will den Mann aus dem Eis befreien. Plötzlich hört er in seinem

---

1 **sich zurechtfinden:** sich orientieren; wissen wo etwas ist und wo man lang muss
2 **der Eiswürfel:** ein Würfel aus Eis, z. B. um Getränke zu kühlen

Herzen, was der Mann ihm sagen will: »Hilf mir bitte! Nur du kannst mich befreien – nur du!«
Am nächsten Morgen sagt der Junge ohne Namen zu Yor: »Ich komme heute nicht mehr mit.«
»Hast du das Bild gefunden, das dich führen wird?«
»Ja.«
»Nimm es mit«, flüstert Yor, »und verliere es nicht. Wenn du es verlierst oder wenn es zerstört wird, dann ist für dich alles zu Ende.«
Der Junge, der keinen Namen mehr hat, sagt leise: »Danke Yor, für das, was du mich gelehrt hast.«
Sie geben sich die Hände.
»Du hast fleißig gearbeitet«, flüstert Yor. Er geht zum Schacht und fährt nach unten.
Der Junge ohne Namen hebt das Bild aus dem Schnee auf und geht in die Weite der weißen Landschaft hinaus.
Viele Stunden wandert er durch die riesige weiße Fläche. Er fühlt, wie das Bild ihn in eine bestimmte Richtung zieht.
Da hört er plötzlich Lärm hoch in den Lüften. Als er zum Himmel schaut, sieht er eine dunkle Wolke. Sie kommt näher. Jetzt erkennt er, es sind die Clown-Schmetterlinge, die Schlamuffen!
Mit lautem Lachen landen sie um ihn herum im Schnee.
»Hurra!«, rufen sie. »Da haben wir ihn ja endlich wiedergefunden, unseren großen Wohltäter!«
Sie springen durch den Schnee und werfen Schneebälle.
»Leise! Seid bitte leise!«, flüstert der Junge ohne Namen.
Der ganze Chor schreit: »Er hat gesagt, wir sind zu leise!«
»Was wollt ihr von mir?«, fragt der Junge.
Alle tanzen um ihn herum und schreien: »Was du da aus uns gemacht hast, war anfangs ganz lustig. Aber jetzt langweilen wir uns zu Tode, großer Wohltäter!«
»Was soll ich denn tun?«, fragt der Junge. »Ich habe keine Macht mehr in Phantásien.«
»Dann«, brüllen alle zusammen, »nehmen wir dich mit uns!«
Hunderte von kleinen Händen packen ihn.

Plötzlich kommt aus der Ferne ein lautes Geräusch. Die Schlamuffen fliehen und sind bald nicht mehr zu sehen.
Der Junge, der keinen Namen mehr hat, kniet im Schnee. Vor ihm liegt, zu Staub zerfallen, das Bild. Nun ist alles verloren. Es gibt nichts mehr, was ihn zum Wasser des Lebens führen kann.
Als er aufblickt, sieht er durch seine Tränen zwei Gestalten auf dem Schneefeld vor sich, eine große und eine kleine. Es sind Fuchur, der weiße Glücksdrache, und Atréju aus dem Gräsernen Meer.

Übungen

XXVI. DIE WASSER DES LEBENS

Der Junge, der keinen Namen mehr hat, geht ein Stück auf Atréju zu. Dann bleibt er stehen. Atréju tut nichts. Er wartet.
Der Junge ohne Namen legt das Amulett vor Atréju in den Schnee. Da beginnt es hell zu leuchten. Er muss die Augen schließen. Als er sie wieder öffnet, sieht er, dass sie alle drei in einer riesigen Kuppelhalle stehen. In der Mitte rauscht[1] eine mächtige Quelle.
»Die Wasser fragen uns, wie wir heißen«, sagt Fuchur plötzlich.
»Ich bin Atréju!«, ruft Atréju.
»Ich bin Fuchur!«, sagt Fuchur.
Doch der Junge ohne Namen bleibt stumm.
Atréju sieht ihn an, dann nimmt er ihn bei der Hand und ruft: »Er ist Bastian Balthasar Bux.«
»Sie fragen«, übersetzt Fuchur, »warum er nicht selber spricht.«
»Er kann es nicht mehr«, erklärt Atréju, »er hat alles vergessen.«
Fuchur hört wieder auf das Rauschen. »Ohne Erinnerung, sagen sie, kann er nicht ins Wasser des Lebens.«
»Ich weiß alles über ihn«, ruft Atréju.
Fuchur berichtet: »Sie fragen, mit welchem Recht du sprichst.«

---
[1] **rauschen:** Geräusch von schnell fließendem Wasser

»Ich bin sein Freund«, sagt Atréju.
Fuchur horcht[1] und nickt dann.
»Ja«, sagt er, »ein Freund darf für dich sprechen. Wir sind willkommen.«
»Sie fragen jetzt«, fährt Fuchur fort: »Ist Bastian bereit?«
»Ja«, sagt Atréju laut, »er ist bereit.«
Er führt Bastian an der Hand auf die Quelle zu. Fuchur folgt den beiden. Auf dem Weg wird aus dem schönen, starken und mutigen Helden wieder der kleine, dicke und schüchterne[2] Junge. Sogar seine Kleidung verschwindet. So steht er ganz nackt[3] vor dem Wasser des Lebens. Dann springt er einfach in das kristallklare Wasser hinein. Er trinkt und trinkt. Und Freude erfüllt ihn von Kopf bis Fuß, Freude zu leben und Freude, er selbst zu sein. Denn jetzt weiß er wieder, wer er ist. Er ist neu geboren. Jetzt weiß er: Es gibt in der Welt tausend und tausend Formen der Freude, aber im Grunde sind sie alle eine einzige: die Freude, lieben zu können.
»Atréju«, schreit er dem Freund zu, »komm doch auch! Komm! Trink! Es ist wunderbar!«
Atréju schüttelt lachend den Kopf.
»Nein«, ruft er zurück, »wir sind nur zu deiner Begleitung hier.«
Bastian steigt aus dem Wasser. »Ich weiß jetzt wieder, wer ich bin.«
»Ja«, meint Atréju und nickt, »jetzt siehst du so aus wie damals, als ich dich im Zauber-Spiegel-Tor gesehen habe.«
»Die Wasser sagen, du musst dich jetzt auf den Weg machen und wir auch«, erklärt Fuchur.
»Wo ist denn mein Weg?«, fragt Bastian.
»Zum anderen Tor hinaus«, übersetzt Fuchur. »Aber die Wasser fragen dich noch: Hast du alle Geschichten, die du in Phantásien begonnen hast, auch zu Ende geführt?«
»Nein«, antwortet Bastian, »eigentlich keine.«
»Dann musst du zurück nach Phantásien und alles zu Ende bringen.«

---
1 **horchen:** intensiv hören
2 **schüchtern:** vorsichtig, ein bisschen ängstlich vor anderen Menschen
3 **nackt:** ganz ohne Kleidung, man sieht nur den Körper

»Alle Geschichten?«, fragt Bastian nervös. »Dann kann ich nie mehr zurück. Dann war alles umsonst.«
»Nein«, sagt Atréju, »ich mache das.«
Bastian ruft: »Atréju, Atréju! Das werde ich dir nie vergessen!«
Atréju lächelt. Er und Fuchur gehen, zurück nach Phantásien.
Bastian blickt ihnen nach.
Dann läuft er schnell auf das weiße Tor zu. Dahinter ist Dunkelheit.
Bastian wirft sich in sie hinein. »Vater!«, schreit er. »Vater!«

Plötzlich ist er wieder im Speicher des Schulhauses. Wie lange ist er fort gewesen? Wochen? Monate? Vielleicht Jahre?
Bastian zieht seine Schuhe und seinen Mantel an. Beide sind noch feucht. Er sucht nach dem Buch, das er damals gestohlen hat. Er will es dem unfreundlichen Herrn Koreander zurückbringen. Aber das Buch ist nicht da. DIE UNENDLICHE GESCHICHTE ist verschwunden.
»Dann muss ich ihm eben sagen, dass es weg ist«, sagt sich Bastian.
Er öffnet den Riegel der Speichertür und geht durch die Gänge des Schulhauses. Es ist ganz still. Bastian blickt in einige Klassenzimmer, aber sie sind alle leer.
Das große Eingangstor ist verschlossen. Die Fenster im Erdgeschoss sind alle vergittert[1]. Bastian geht wieder in das erste Stockwerk, zu einem Fenster. Es lässt sich öffnen und er steigt hinaus. Einen Augenblick lang hat er Angst. Aber für einen, der Herr von Perelín gewesen war, gibt es hier überhaupt kein Problem – auch wenn er ein bisschen dick ist. Vorsichtig klettert er an der Wand nach unten. Niemand hat ihn beobachtet.
Bastian rennt nach Hause. Er will zu seinem Vater.
Der Vater hat ihn wohl kommen sehen, denn er kommt ihm entgegengelaufen. Bastian wirft sich in seine Arme. Der Vater hebt ihn hoch und trägt ihn in die Wohnung.
»Bastian, mein Junge«, sagt er immer wieder, »wo bist du nur gewesen? Ich bin fast verrückt geworden aus Sorge um dich.«

---

[1] **vergittert:** man kann nicht hinaus, Gitter sind zum Schutz vor dem Fenster installiert

»Wie lange war ich denn fort?«, fragt Bastian.
»Seit gestern, Bastian. Wo warst du denn nur?«
Und nun beginnt Bastian zu erzählen, was er erlebt hat. Es ist schon spät, als er mit seinem Bericht bei den Wassern des Lebens angekommen ist. Dann schaut der Vater Bastian ins Gesicht und beginnt zu lächeln.
»Von jetzt an«, sagt der Vater, »wird alles anders werden mit uns.«
Am nächsten Morgen schlägt er vor: »Wir beide unternehmen was. Ich schreib dir eine Entschuldigung. Wollen wir in den Tierpark fahren? Und abends ins Theater?«
Bastian erwidert: »Erst muss ich zu Herrn Koreander gehen und ihm sagen, dass ich das Buch gestohlen und verloren habe.«
Vor Herrn Koreanders Buchhandlung verliert Bastian dann doch noch einmal den Mut. »Jetzt!«, befiehlt er sich und geht hinein.
Bastian stellt sich vor Herrn Koreander, der wieder in seinem Sessel sitzt.
»Ich«, beginnt Bastian, »ich habe Ihnen ein Buch gestohlen. Ich wollte es Ihnen zurückbringen, aber ich hab's verloren.«
»So, so«, sagt Herr Koreander. »Mir fehlt aber kein Buch. Was für ein Buch soll das denn gewesen sein?«
»Es heißt DIE UNENDLICHE GESCHICHTE«, erklärt Bastian.
»Seltsam«, meint Herr Koreander, »das kenne ich nicht.«
»Es ist ein Zauberbuch«, sagt Bastian.
»Das musst du mir genauer erklären. Setz dich doch!«
Bastian setzt sich und beginnt zu erzählen.
Am Ende erklärt Herr Koreander: »Eins steht fest: Du hast mir dieses Buch nicht gestohlen, denn es gehört mir nicht. Ich glaube, es kommt selbst schon aus Phantásien.«
»Dann glauben Sie mir also?«, fragt Bastian.
»Selbstverständlich«, antwortet Herr Koreander.
»Damit habe ich jetzt nicht gerechnet«, meint Bastian.
»Es gibt Menschen, die können nie nach Phantásien kommen«, sagt Herr Koreander, »und es gibt Menschen, die können es, aber sie bleiben für immer dort. Und dann gibt es noch einige, die gehen nach

Phantásien und kehren wieder zurück. So wie du. Und die machen beide Welten gesund.«
»Waren Sie auch schon mal in Phantásien?«, fragt Bastian.
»Selbstverständlich«, antwortet Herr Koreander.
»Dann haben Sie ja doch DIE UNENDLICHE GESCHICHTE gelesen!«
Herr Koreander schüttelt den Kopf. »Jede wirkliche Geschichte ist eine unendliche Geschichte. Es gibt eine Menge Türen nach Phantásien, mein Junge.«
»Danke, Herr Koreander!«, sagt Bastian.
Durch das Glasfenster sieht er, dass der Vater auf der anderen Straßenseite steht. Sein Gesicht ist ein einziges Strahlen[1].
»Ich muss jetzt gehen«, erklärt er. »Mein Vater wartet. Aber ich komme bald wieder.«
Bastian macht die Tür auf und rennt auf das Strahlen zu.
Herr Koreander blickt den beiden nach. »Bastian Balthasar Bux«, brummt er, »wenn ich mich nicht irre, dann wirst du noch manchem den Weg nach Phantásien zeigen.«

Übungen

---

[1] **strahlen:** wie die Sonne; voll Freude lachen

Hintergrundinformationen

Zum Autor

Michael Ende war ein sehr bekannter und erfolgreicher Autor. Neben Kinder- und Jugendbüchern schrieb er Bücher für Erwachsene und verfasste Theaterstücke und Gedichte. Seine Bücher gibt es in 45 Sprachen und viele seiner Werke wurden verfilmt oder für Radio und Fernsehen bearbeitet.

Michael Ende wurde 1929 in Garmisch-Partenkirchen geboren und lebte als Kind in München. Nach der Schulzeit wollte er gerne Theaterstücke schreiben, aber für ein Studium fehlte ihm das Geld. Von 1948 bis 1950 besuchte er eine Schauspielschule und arbeitete in den Jahren danach als Filmkritiker und Regisseur.

Sein erstes Buch »Jim Knopf und Lukas der Lokomototivführer« schrieb er 1960. Das Buch bekam 1961 den Deutschen Jugendbuchpreis. Es folgten weitere Kinder- und Jugendbücher, wie »Momo« (1973) und »Die unendliche Geschichte« (1979), die auch international erfolgreich waren.

1995 starb Michael Ende nach langer Krankheit in Stuttgart.

Zum Buch

Das Buch »Die unendliche Geschichte« gehört zu den neuen Klassikern der Kinder- und Jugendliteratur und wurde in 40 Sprachen übersetzt. Für das Werk, an dem Michael Ende über drei Jahre arbeitete, erhielt er zahlreiche deutsche und internationale Literaturpreise, darunter auch den »Europäischen Jugendbuchpreis«. Das Buch wurde 1984 von Wolfgang Petersen verfilmt und die Geschichte mehrmals für weiteren Bearbeitungen, zum Beispiel in Theater- und Opernaufführungen, für Hörspiele und Hörbücher genutzt.

Übungen zum Leseverstehen

● **0. Antiquariat**
1) Was erfährt man über Bastian und Herrn Koreander?

Bastian Balthasar Bux ...
- A̶ ist fünfzehn.
- B̶ ist ein Streber.
- C̶ ist ein glücklicher Junge.
- (D) hat nur noch einen Vater.
- E̶ macht gerne Sport.
- (F) erzählt gerne Geschichten.
- (G) erfindet seltsame Wörter.

Karl Konrad Koreander ...
- (A) raucht Pfeife.
- B̶ ist Buchhändler.
- C̶ ist ein freundlicher Mensch.
- (D) mag Kinder nicht.
- (E) hat eine Brille.
- F̶ liest keine Bücher.
- G̶ ist Lehrer.

2) Was macht Bastian mit dem gestohlenen Buch?
- A̶ Er bringt es seinem Vater.
- B̶ Er wirft es in den Papiermüll hinter dem Laden von Herrn Koreander.
- C̶ Er nimmt es mit in die Klasse und liest es unter dem Tisch.
- (D) Er versteckt sich mit dem Buch unter dem Dach der Schule und liest es.

● **1. Phantasien in Not**
Seltsame Wesen – Wer macht was? Verbinde.

1 Der Steinbeißer — A sagt: »Huhu«.
2 Das Irrlicht — B fährt auf einem Fahrrad aus Stein und isst es später auf.
3 Der Winzling — C trägt einen bunten Anzug und einen roten Zylinder.
4 Der Nachtalb — D verirrt sich.

2. Atréjus Berufung

1) Ergänze den Text mit den Wörtern aus der Box.

~~500~~ * Blumen * Elfenbeinturm * Kindliche Kaiserin * ~~Krankheit~~ * Labyrinth * ~~Vampire~~

Hinter dem (1) _Labynnth_ mit vielen (2) _Blumen_ steht der (3) _Elfenbeinturm_, in dem die (4) _Kindliche Kaiserin_ lebt. Sie hat eine (5) _Krankheit_ und (6) _500_ Ärzte sind für sie im Turm versammelt. Unter ihnen gibt es auch Wassermänner und (7) _Vampire_.

2) Der versprochene Held – Welche Angaben passen zu Atréju? Ergänze die Tabelle.

zehn oder elf   ~~streng~~   zwölf oder dreizehn

religiös   ~~schwarzblau~~   modern   blond

~~Schiff~~   ~~mutig~~   lieb   sensibel   ~~lila~~

Pferd   rot   ~~rosa~~   ~~grün~~   ~~Auto~~

1	Alter:	zehn oder elf
2	Hautfarbe:	grün
3	Haarfarbe:	schwarzblau
4	Erziehung:	~~modern~~ streng
5	Charakter:	~~streng~~ mutig
6	Fortbewegung:	Pferd

3. Die Uralte Morla
Was passiert zuerst? Sortiere in der richtigen Reihenfolge.

A ~~Die Baumtrolle berichten über das Nichts.~~
B Der Uralten Morla ist gleich, was aus Phantásien und er Kindlichen Kaiserin wird.
C ~~Atréju trifft Baumtrolle im Wald. Ihnen fehlt je ein Teil ihres Körpers.~~
D ~~Atréju klettert auf den Hornberg und fällt wieder hinunter.~~
E ~~Atréju berichtet der Uralten Morla von der Krankheit der Kindlichen Kaiserin.~~
F ~~Artax stirbt in den Sümpfen der Traurigkeit.~~
G Die Uralte Morla schickt Atréju zum Südlichen Orakel.
H ~~Atréju sieht das Nichts von einem Baum aus.~~

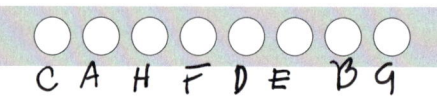

C A H F D E B G

4. Ygramul, die Viele
Wer sind und was tun die Wesen? Je zwei Antworten stimmen.

1 Ygramul …
   - **a.** ist eine große Spinne.
   - **b.** besteht aus vielen kleinen Insekten.
   - c. beißt Atréju nicht, weil er das Amulett der Kaiserin trägt.
   - **d.** beißt Atréju, denn ihr Gift bringt ihn zum Südlichen Orakel.

2 Glücksdrachen …
   - **a.** sind Kreaturen der Luft und der Freude.
   - b. sind klein und spucken Feuer.
   - c. schwimmen wie Fische und können sehr gut tanzen.
   - **d.** können sehr gut fliegen und wunderbar singen.

3 Die Schattengestalt …
   - a. ist ganz in der Nähe, kann aber nicht richtig laufen.
   - **b.** ist ein Wolf und sucht Atréju.
   - **c.** sieht am Ende, dass Atréju nicht mehr da ist.
   - d. folgt Atréju weiter bis zum Südlichen Orakel.

5. Die Zweisiedler

1) Am Südlichen Orakel. Wer ist dort (✔) und wer nicht (✘)?

- ✔ Atréju
- ○ Bastian
- ✔ der Glücksdrache
- ○ zwei Riesen
- ✔ ein Gnomenpaar
- ○ der Wolf

2) Was machen sie da und wie geht es ihnen?

1 Wer hat Gift im Körper? → _Atréju_, _der Glücksdrache_
2 Wer will das Geheimnis der Uyulála wissen?
→ _Atréju_, ~~Bastian~~ _der Gnom_
3 Wer kümmert sich um die Verletzten? → _die Gnomin_
4 Wer schreibt ein Buch? → _das Kerlchen_
5 Wer muss zu Uyulála? → _Atréju_

6. Die drei magischen Tore

Atréju muss durch drei Tore. Setze die fehlenden Wörter ein und ordne die Beschreibungen den Toren zu.

> Schlüssel * Sphinxen * Spiegel

A Durch dieses Tor darf nur, wer nicht durchgehen will. Anders geht es nicht, es gibt keinen _Schlüssel_ dafür.

B Hier muss Atréju an zwei _Sphinxen_ vorbei. Wenn sie ihn ansehen, ist er verloren.

C Hier sieht sich Atréju wie in einem _Spiegel_, aber er sieht nicht, wie er aussieht, sondern wie man von innen ist.

Tor 1: B **Tor 2:** C **Tor 3:** A

113

7. Die Stimme der Stille
Die Uyulála – Was stimmt (✔), was stimmt nicht (✘)?

		✔	✘
1	Sie singt in Versen.	○	○
2	Sie ist noch sehr jung und hat Angst vor Atréju.	○	○
3	Sie darf Atréju das Geheimnis nicht sagen.	○	○
4	Sie versteht nur Verse.	○	○
5	Sie mag die Kindliche Kaiserin wegen einer alten Geschichte nicht.	○	○
6	Man kann sie nicht sehen, sondern nur hören.	○	○

8. Im Gelichterland
Was hat welche Folge(n)?

1 Fuchur will zur Kindlichen Kaiserin zurück. ○

2 Das Nichts kommt näher. ○ ○

3 Atréju fragt die Sturmriesen nach den Grenzen von Phantásien. ○

4 Atréju will noch weiterfliegen. ○ ○ ○ ○

A Er erfährt, dass Phantásien keine Grenze hat.

C Atréju verliert das Amulett.

B Sie kommen in einen Sturm.

D Atréju landet auf einem Strand.

E Die Wesen im Land fühlen es und suchen es.

F Keine Folge.

G Die Wesen im Land stürzen sich ins Nichts.

H Atréju fällt von Fuchur herunter.

9. Spukstadt
Was passiert zuerst? Sortiere in der richtigen Reihenfolge.

A Er sieht keinen Menschen dort.
B Der Wolf erzählt, dass er jemanden gesucht hat.
C Er hört einen Wolf heulen, sieht und findet ihn.
D Es ist ein Werwolf. Er gehört zu keiner Welt.
E Die Person, die er gesucht hat heißt Atréju.
F Atréju kommt in eine Stadt.
G Die Zähne des Werwolfs beißen sich in Atréjus Bein fest.
H Der Werwolf stirbt.

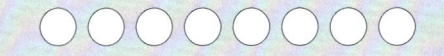

○ ○ ○ ○ ○ ○ ○

10. Der Flug zum Elfenbeinturm
1) Was passt zu Auryn?

Fuchur findet es wieder * die Kindliche Kaiserin trägt es * Atréju hat es von der Kindlichen Kaiserin bekommen * es hat Macht über alle Wesen Phantásiens * Atréju hat es vom Arzt der kindlichen Kaiserin bekommen * es gibt Kraft und bringt Hilfe * Atréju hat es beim Sturz verloren * es ist für immer weg

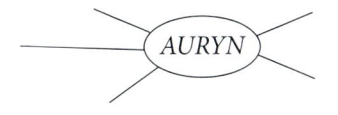

AURYN

2) Das Geheimnis der Kindlichen Kaiserin – Verbinde.

1 Sie sieht aus wie ein kleines Mädchen,

2 Sie hat große Macht,

3 Sie ist in allem,

4 Sie ist Kaiserin von Phantásien,

aber

A sie gehört nicht zu Phantásien.
B sie ist sehr alt.
C sie übt sie nicht aus.
D man sieht sie nicht.

115

11. Die Kindliche Kaiserin

1) Was ist das Problem? Setze die fehlenden Wörter ein.

glaubt (2x) * Menschenkind * neuen * Retter (2x) * weiß (2x)

Die Kindliche Kaiserin braucht einen (1) _____ Namen.
Den kann ihr nur ein (2) _____ geben. Atréju
(3) _____ das jetzt. Sie (4) _____ es auch. Atréju
(5) _____ keinen (6) _____ gefunden zu haben.
Die Kindliche Kaiserin (7) _____ das doch. Denn sie will
ihn gesehen haben. Das seltsame ist: Bastian hat die Kindliche
Kaiserin kurz gesehen. Hat sie ihn auch gesehen? Vielleicht ist er
der (8) _____?

2) Warum Bastian?

A Er hat Atréjus ganze Geschichte gelesen. * B Er ist genau wie Atréju. * C Atréju hat sein Bild im Zauberspiegel gesehen. * D Atréju hat gehört, wie Bastian auf die Toilette gegangen ist. * E Atréju hat Bastians Schrei gehört. * F Bastian weiß den neuen Namen für die Kaiserin. * G Er war schon einmal in Phantásien.

○ ○ ○ ○

3) Warum kommt Bastian nicht?

_____
_____
_____

● **12. Der Alte vom Wandernden Berge**

1) **Der Alte und die Kindliche Kaiserin – Was passt zu wem? Trage KK oder A ein.**

1 Durch ___ beginnt alles. Durch ___ endet alles.
2 ___ war immer alt. ___ war immer jung.
3 ___ tut Dinge. ___ schreibt die Dinge auf.
4 ___ schaut nur zurück. ___ schaut nach vorn.
5 ___ ist die Erinnerung. ___ ist das Leben.

2) **In der Geschichte gefangen. Was stimmt (✔), was stimmt nicht (✘)?**

	✔	✘
1 Das Buch, in dem Bastian liest, trägt denselben Titel wie das Buch, das der Alte schreibt.	○	○
2 Der Alte beginnt aufs Neue mit der Geschichte, denn er will sie besser erzählen.	○	○
3 Der Alte beginnt aufs Neue mit der Geschichte und alles ist wie beim ersten Mal.	○	○
4 Es ist Bastians Geschichte, vor dem Lesen und beim Lesen der unendlichen Geschichte.	○	○
5 Der Alte kommt mit der Erzählung an den Punkt, an dem Bastian ist, und beginnt noch einmal.	○	○

13. Perelín, der Nachtwald

1) Seltsame Wesen und Dinge, seltsame Namen. Ordne erst die fehlenden Buchstaben, dann die Beschreibungen zu.

a * á * é * y * r * o * í * i * y

Art__x   A   Ein Junge aus dem Gräsernen Meer.

Atr__ju   B   Ein Wesen, das aussieht wie ein Baum.

Aur__n   C   Ein Zentaur und der beste und berühmteste Arzt des Landes

Baumtr__ll   D   Ein Wesen, das man nur hören kann und das nur Verse versteht.

Ca__ron   E   Atréjus Pferd.

Mo__la   F   Eine sehr alte Schildkröte, der alles egal ist.

__gramul   G   Der Wald, der aus einem Korn in Bastians Hand gewachsen ist.

Uyul__la   H   Das Amulett, das Atréju bis vor Kurzem getragen hat.

Perel__n   I   Sie hat die Form einer Spinne, besteht aber aus vielen kleinen Insekten.

2) Was ist geschehen? Setze ein, was passt

bald * bunter * ihm * Namen * nur * klettert * wächst * weg (2x)

Phantásien ist (1) _____. (2) _____ die Kindliche Kaiserin und Bastian sind da. Sie gibt (3) _____ ein kleines Korn. Das Korn (4) _____. (5) _____ fliegen Samen durch die Luft. Aus den Samen wächst ein (6) _____ Wald. Bastian gibt dem Wald den (7) _____ Perelín. Plötzlich ist die Kindliche Kaiserin (8) _____. Bastian (9) _____ auf einen hohen Baum.

14. Goab, die Wüste der Farben
Der Wald ist fort. Und jetzt? Ergänze die Sätze.

1	Bastian steht	**a** in der Wüste.	**b** in einer Stadt.
2	Er sieht	**a** bunte Häuser.	**b** bunten Sand.
3	Er will	**a** ein Zeichen geben.	**b** weglaufen.
4	Er wünscht sich	**a** etwas Gefährliches.	**b** den Wald zurück.
5	Da kommt	**a** ein Felsenbeißer.	**b** ein großer Löwe.
6	Bastian	**a** läuft weg.	**b** hat keine Angst.

15. Graógramán, der bunte Tod

1) **Perelín und Graógramán gehören zusammen. Aber wie? Bilde einen Satz mit »immer wenn«. Setze die passenden Artikel ein.**

> zu / wird / Wüste / Wald / Löwe / Stein / wird / zum

Immer wenn _____

_____

2) **Graógramán erklärt Bastian, was er tun soll. Was sagt er?**

○ **A** Du musst dir etwas wünschen, dann kommt es her.
○ **B** Du kannst nicht hierbleiben.
○ **C** Der Weg der Wünsche ist gefährlich.
○ **D** Das ist mein altes Schwert. Du kannst es haben.
○ **E** Wenn du dir etwas wünschst, kannst du in den Tausend-Türen-Tempel kommen.
○ **F** Nur wenn du dir noch etwas wünschst, kannst du aus diesem Tempel wieder hinaus.
○ **G** Bei mir wird jeder deiner Wünsche wahr.
○ **H** Wir können nicht Freunde bleiben.
○ **I** Dieses Schwert ist nur für dich.

● 16. Die Silberstadt Amargánth
Stationen – Ordne die passenden Antworten zu.

1) Bastian kommt in den Tausend-Türen-Tempel.

1	Was ist sein erster Wunsch?	A	Er wünscht sich bei Atréju zu sein.
2	Was ist sein zweiter Wunsch?	B	Er will nicht mehr länger allein sein.
3	Was wünscht er sich nicht?	C	Er will zurück zu seinem Vater.

2) Bastian trifft eine Gruppe.

1	Wer gehört zu dieser Gruppe?	A	andere Kämpfer bei einem Turnier in der Stadt
2	Wen will die Gruppe treffen?	B	die Uralte Morla
3	Wen will niemand treffen?	C	vier Helden und eine Dame

3) Bastian trifft auf zwei Personen.

1	Wer ist die erste?	A	Herrn Koreander
2	Wer ist die zweite?	B	der beste Kämpfer des Turniers
3	Wen trifft er nicht?	C	Atréju

● 17. Ein Drache für Held Hynreck
Bastian erfindet zwei Geschichten. Was gehört zu welcher?

> A ein Silberschiff * B ein Ungeheuer * C ein Einhorn * D Morgul, das Land des Kalten Feuers * E der Tränensee * F Burg Ragar * G die Acharai * H Prinzessin Oglamár * I das Südliche Orakel * J Silbergreisin Quana * K eine schöne Jungfrau * L ein leuchtender Stein * M Aquil und Muqua * N Held Hynreck

Entstehung der Bibliothek: ◯ ◯ ◯ ◯ ◯ ◯ ◯

Der Drache Smärg: ◯ ◯ ◯ ◯ ◯

18. Die Acharai

Illusion und Wirklichkeit. Hier stimmt etwas nicht. Streiche die falschen Wörter und schreibe die richtigen dahinter.

1. Bastian weiß genau was er will. _____
2. Er möchte zu Atréju. _____
3. Die Acharai sind die schönsten Wesen Phantásiens. _____
4. Bastian wünscht sich, dass die Acharai zu Pferden werden. _____
5. Danach bauen die Acharai ihre Bauwerke. _____
6. Immer wenn sich Bastian etwas wünscht, sieht er etwas aus seinem früheren Leben. _____

19. Die Weggenossen

Bastian will gar nicht nach Hause zurück, erklärt er jetzt. Welches Problem sehen Atréju und Fuchur?

A Wenn er nicht zurückgeht, bekommt Herr Koreander das Buch nicht wieder und das bringt Phantásien in Unordnung.

B Nur wenn er seine Welt in Ordnung bringt, kommen wieder Menschen nach Phantásien. Sonst wird es von Neuem zerstört.

C Jeder muss in seiner Welt leben. Unter Phantásiern darf kein Menschenkind lange leben, sonst kann das Nichts wieder kommen.

20. Die Sehende Hand
Was ist richtig? Mehrere Antworten können stimmen.
1 Wie kommt Bastian in den Keller von Xayídes Schloss?
   a. Durch ein offenes Kellerfenster.
   b. Er steigt die Wand hoch.
   c. Durch eine kleines Dachfenster hinein, dann über die Treppe.
2 Wie verhält sich die Zauberin gegenüber Bastian?
   a. Sie will seinen Tod!
   b. Er darf ihr Sklave sein, wenn er mag.
   c. Sie will ihn zur Kindlichen Kaiserin begleiten.
3 Wie reagieren Bastians Freunde auf die Zauberin?
   a. Sie freuen sich über die neue Weggefährtin.
   b. Fuchur will nicht, dass sie auf ihm fliegt.
   c. Fuchur und Atréju streiten sich, weil Atréju sie nicht mag.

21. Das Sternenkloster
Auf einem Berg besucht Bastian ein Kloster. Beantworte die Fragen. Die Antworten findest du im Text ab Seite 87.
1 Wie kommt er dorthin? → Er wird von _____ getragen.
2 Wer lebt in diesem Kloster? → Wesen, die viel und tief _____.
3 Warum hat das Kloster drei Obere? → Sie stehen für drei Arten der Erkenntnis: _____, _____ und _____.
4 Was sagt Bastian? → _____ ist die unendliche Geschichte. Sie steht in einem _____, das auf einem _____ liegt.
5 Was brauchen die drei Tief-Denkenden immer? → _____ zum Nachdenken.

22. Die Schlacht um den Elfenbeinturm
Welche Gründe passen zu den Handlungen. Verbinde.

1 Bastian will nicht zu schnell zur Kindlichen Kaiserin kommen,

2 Bastian schickt Atréju fort,

3 Bastian kann vielleicht Kindlicher Kaiser werden,

4 Ein Teil der Bevölkerung rebelliert gegen Bastian,

5 Bastian denkt, dass Atréju tun muss was er sagt,

A weil er alles in Phantásien erschaffen hat, also auch Atréju.

B weil er ihr das Amulett zurückgeben muss, das ihm Macht gibt.

C weil Atréju einen Aufruhr organisiert hat. Er will nicht, dass Bastian Kaiser wird.

D weil er ihm das Amulett stehlen wollte.

E weil die Kindliche Kaiserin verschwunden ist und er das Amulett hat.

23. Die Alte-Kaiser-Stadt
Was passiert zuerst? Sortiere in der richtigen Reihenfolge.

A Er flieht aus der Stadt. * B Der Affe zeigt Bastian die Stadt. * C Die Bewohner tragen seltsame Kleidung und reagieren nicht auf ihn. * D Bastian erfährt, dass die Menschen nicht in ihre Welt zurückkönnen, weil sie keine Wünsche mehr haben. * E Bastian kommt an das Nebelmeer zu den Yskálnari. * F Er kommt in eine merkwürdige Stadt. * G Bastians Metallpferd zerfällt. * H Argax erklärt Bastian, dass alle, die in der Stadt leben, einmal Kaiser von Phantásien waren oder es werden wollten. * I Nach einem bösen Traum begräbt er sein Schwert Sikánda. * J Er arbeitet mit ihnen auf einem Schiff, aber ihm fehlt etwas.

○ ○ ○ ○ ○ ○ ○ ○ ○ ○

24. Die Dame Aiuóla
Im Änderhaus. Was ist möglich? Beantworte die Fragen.
1 Warum heißt das Haus »Änderhaus«?
   a. Weil es geändert wird.
   b. Weil sich ändert, wer dort wohnt.
   c. Weil es sein Aussehen immer ändert. Balkons wachsen ...
   d. Der Architekt hieß Anton Änder.

2 Wer ist die Dame Aiuóla?
   a. Bastians Mutter.
   b. Eine ältere Version der Kindlichen Kaiserin.
   c. Eine Art Pflanze, die hier auf Bastian gewartet hat.
   d. Eine Frau, die noch mit vielen Menschen sprechen wird.

3 Bastian möchte jemanden lieben, aber …
   a. er kennt niemanden.
   b. er weiß nicht wen, denn er hat seine Eltern vergessen.
   c. sein alter Freund Atréju ist ein Dieb und die Kindliche Kaiserin ist verschwunden.
   d. er ist noch zu jung für die Liebe.

25. Das Bergwerk der Bilder
Was für Bilder hat der Alte im Schnee und im Bergwerk gesammelt? Streiche, was nicht passt.
1 Es sind Bildplatten und sie sind sehr schön / dünn.
2 Es gibt Bilder in wenigen / allen Formen und Größen.
3 Der Alte erklärt, woher sie kommen: Wenn wir morgens unsere Träume / Hausaufgaben vergessen haben, gehen sie nicht verloren, sondern kommen zu ihm.
4 Wir können bei ihm Bilder aus alten / neuen Träumen finden.
5 Wenn Bastian ein Bild aus einem seiner Träume findet, sieht er vielleicht eine interessante / geliebte Person.
6 Nach langer / kurzer Suche findet Bastian ein Bild von einem Haus / Mann.

26. Die Wasser des Lebens

1) Freunde – Wie finden Bastian und Atréju wieder zusammen? Wer macht was? Ordne zu. Zwei passen nicht.

Bastian
Atréju

A legt das Amulett vor die Füße des Freundes.
B macht dem Freund teure Geschenke.
C kämpft für den Freund.
D spricht für den Freund, der selbst nicht mehr sprechen kann.
E will für den Freund alle begonnenen Geschichten in Phantásien zu Ende bringen.
F verspricht dem Freund seine Hilfe nie zu vergessen.

2) Wieder zu Hause: Was hat sich geändert? Was stimmt (✔), was stimmt nicht (✘)?

		✔	✘
1	Bastian ist nicht mehr der kleine, dicke Junge, der er war.	◯	◯
2	Bastian ist mutiger geworden.	◯	◯
3	In der Schule hat Bastian jetzt keine Probleme mehr.	◯	◯
4	Sein Vater hört ihm zu.	◯	◯
5	Herr Koreander hört Bastian zu und will ihn gern wiedersehen.	◯	◯
6	Sein Vater spricht lange mit ihm.	◯	◯
7	Bastians Vater ist jetzt kein trauriger Mann mehr.	◯	◯
8	In die Schule geht jetzt niemand mehr.	◯	◯

Lösungen

Kapitel 0: 1) Bastian: D, F, G; Herr Koreander: A, B, D, E, **2)** D
Kapitel 1: 1B, 2D, 3C, 4A
Kapitel 2: 1) 1 Labyrinth, 2 Blumen, 3 Elfenbeinturm, 4 Kindlichen Kaiserin, 5 Krankheit, 6 500, 7 Vampire; **2)** 1 zehn oder elf, 2 grün, 3 schwarzblau, 4 streng, 5 mutig, 6 Pferd
Kapitel 3: C A H F D E B G
Kapitel 4: 1bd, 2ad, 3bc
Kapitel 5: 1) sind dort: Atréju, ein Gnomenpaar, der Glücksdrache; **2)** 1 Atréju, der Glücksdrache, 2 Atréju, der Gnom, 3 die Gnomin, 4 der Gnom, 5 Atréju
Kapitel 6: A Schlüssel, B Sphinxen, C Spiegel;
Tor 1: B, Tor 2: C, Tor 3: A
Kapitel 7: stimmt: 1, 4, 6; stimmt nicht: 2, 3, 5
Kapitel 8: 1 F, 2 E G, 3 A, 4 B C D H
Kapitel 9: F A C D B E H G
Kapitel 10: 1) Auryn: Fuchur findet es wieder, Atréju hat es vom Arzt der Kindlichen Kaiserin bekommen, es hat Macht über alle Wesen Phantásiens, es gibt Kraft und bringt Hilfe, Atréju hat es beim Sturz verloren; **2)** 1B, 2C, 3D, 4A
Kapitel 11: 1) 1 neuen, 2 Menschenkind, 3 weiß, 4 weiß, 5 glaubt, 6 Retter, 7 glaubt, 8 Retter; **2)** A C E F;
3) Er ist sich nicht sicher, das richtige Menschenkind zu sein. (Er hat Angst vor Ungeheuern.)
Kapitel 12: 1) 1 KK A, 2 A KK, 3 KK A, 4 A KK, 5 A KK;
2) stimmt: 1, 3, 4, 5, stimmt nicht: 2
Kapitel 13: 1) Artax – E, Atréju – A, Auryn – H, Baumtroll – B, Cayron – C, Morla – F, Ygramul – I, Uyulála – D, Perelín – G;
2) 1 weg, 2 nur, 3 ihm, 4 wächst, 5 bald, 6 bunter, 7 Namen, 8 weg, 9 klettert
Kapitel 14: 1a, 2b, 3a, 4a, 5b, 6b
Kapitel 15: 1) Immer wenn der Löwe zu Stein wird, wird die Wüste zum Wald. Oder: Immer wenn die Wüste zum Wald wird, wird der Löwe zu Stein. **2)** richtig: B, C, E, F, I

Kapitel 16: 1) 1B, 2A, 3C; **2)** 1C, 2A, 3B; **3)** 1B, 2C, 3A
Kapitel 17: Bibliothek: A C E G I J L M;
Smärg: B D F H K N
Kapitel 18: 1 ~~genau~~ / nicht, 2 ~~zu Atréju~~ / zur Kindlichen Kaiserin, 3 ~~schönsten~~ / hässlichsten, 4 ~~Pferden~~ / Schmetterlingen, 5 ~~bauen~~ / zerstören, 6 ~~sieht~~ / vergisst
Kapitel 19: richtig: B
Kapitel 20: 1bc, 2ac, 3b
Kapitel 21: 1 Eulen / Vögeln; 2 denken / nachdenken; 3 Ahnung, Schau, Klugheit; 4 Phantásien, Buch, Dachboden; 5 Zeit
Kapitel 22: 1B, 2D, 3E, 4C, 5A
Kapitel 23: G F C H B D A I E J
Kapitel 24: 1bc, 2c, 3b
Kapitel 25: 1 ~~schön~~, 2 ~~wenigen~~, 3 ~~Hausaufgaben~~, 4 ~~neuen~~, 5 ~~interessante~~, 6 ~~kurzer~~, Haus
Kapitel 26: 1) Bastian: A, F; Atréju: D, E; **2)** stimmt: 2, 4, 5, 6, stimmt nicht: 1, 3, 7, 8